Pour la bibliothèque
nationale
de la part de l'auteur.
Alg. Schwenger

MÉMOIRES

SUR LES AVEUGLES,

SUR LA VUE

ET

SUR LA VISION.

a a Nuée blanche. *b b.* Arcs blancs. *c* Nimbe.

MÉMOIRES

SUR LES

AVEUGLES,

SUR LA VUE

ET LA VISION;

Suivis

DE LA DESCRIPTION

D'UN TÉLÉGRAPHE TRÈS SIMPLE.

Avec Gravures.

Publiés par Aug. Guill. Schwenger, de la
Société Médicale de Paris.

A PARIS

Chez

L'Auteur, Rue de la Liberté, N⁰. 83.

Amand Koenig, Libraire, Quai des Augus-
tins, N⁰. 18.

F. Didot, Libraire, Rue de Thionville, N⁰. 116.

J. J. Fuchs, Rue des Mathurins, N⁰. 334.

A AMSTERDAM

Chez le Successeur de C. N. Guérin, dans la
Doelstraat, N⁰. 24,

1800.

Cet ouvrage se trouve aussi à RHEDA
chez l'Auteur.

DÉDIÉ

A

MONSIEUR WENNEBER,

CONSEILLER AULIQUE

ET MÉDECIN

DE

SON EXCELLENCE

Le Comte de Bentheim, Tecklenbourg
et Limbourg , Seigneur de Rheda, etc.

ET

A

MONSIEUR STAHL,

MINISTRE

DE WINGESHAUSEN

DANS LE

COMTÉ DE WITGENSTEIN-

BERLEBOURG.

TABLE

DES MÉMOIRES.

PRÉFACE,

FAUTES A CORRIGER
ET ADDITIONS.

Page. Ligne.

ix,   4. *de la note.* Verbalement *lisez* littéralement.

xi,   1. *après le mot* Duytschland *ajoutez la note* suivante :

* La Syllabe *uy* et le mot *Duytschland* en langue bataye ou bas-teutonique se prononcent comme *eu* et *Deutschland* en haut-teutonique ; de même que le nom *Ruysch* est prononcé comme *Reusch.*

46,   5. de la pr- *lisez* de la pro-

56,   verd , *lisez* vert

60,   7. Aveugles , *lisez* Aveugle

90,   24. crane , *lisez crane*

98,   4. douce , *lisez* douce.

187, 25. *ajoutez en note la question suivante:* Serait-il avantageux de construire des télégraphes décimaux doubles , pour représenter deux chiffres à la fois et augmenter ainsi la vitesse de la correspondance ?

AVIS AU RELIEUR. La Clef des signes télégraphiques se met vis-à-vis la page 180.

NOTA. La Description du Télégraphe avec son supplément se vend aussi séparément.

PRÉFACE

Dans laquelle on trouve quelques réflexions sur les dénominations erronées d'Alle-mand et d'Allemagne.

Plusieurs de ces Mémoires sur les Aveugles et sur la Vue se trouvent aussi dans un ouvrage teutonique que j'ai publié, il y a cinq ans, sous le titre de Mémoires choisis à l'usage des Médecins, des Physiciens et des Psychologiciens, tirés des Mémoires de la Société Littéraire et Philosophique de Manchester. * Espérant

---

* Auserlesene Abhandlungen für Aerzte, Naturforscher und Psychologen aus den Schriften der Literarisch-Philosophischen Gesellschaft zu Manchester. Leipzig, 1794. in 8º.

A

qu'ils auraient aussi quelque intérêt pour les Français, je les ai augmentés et traduits dans leur langue en y ajoutant les N°s. III, IV, V, VII, XI, XII, XIII et XIV. Si le Lecteur y trouve quelques Germanismes ou d'autres phrases et constructions qui choquent son oreille, je le prie d'observer que je n'écris pas dans ma langue naturelle, et que j'ai eu à lutter contre les idiotismes de deux autres langues, desquelles j'ai traduit ces Mémoires en grande partie. J'ai pourtant cherché à y mettre de la correction, en fesant voir mon manuscrit à quelques amis auxquels j'avoue avoir des obligations.

La grande ressemblance qu'il y a entre mes propositions sur les caractères imprimés et écrits à l'usage des Aveugles, et ce qu'on a réellement déjà exécuté dans l'Institution des Aveugles à Paris, m'engage à donner ici quelque détail sur l'origine de mes idées. Je traduisais le Mémoire de M^r. BEW sur la Cécité, en Teutonique, vers la fin de 1793, et ce fut le premier jour de l'année suivante que les faits exposés dans ce

Mémoire, firent naître en moi presque subitement la première idée de caractères saillans à l'usage des Aveugles, et de leur fabrication à l'aide de l'art typographique. Je n'avais alors aucune connaissance de ce qu'on avait déjà fait à Paris ; mais mes projets me semblaient néanmoins si bien fondés sur des faits généralement connus, que je doutais moi-même, que j'en fusse le premier auteur. Je ne croyais pourtant pas qu'ils eussent déjà été exécutés sans que cela fût généralement connu. Et il paraît que même à présent l'Institution des Aveugles à Paris, qui doit son origine au génie bienfesant du C^{en}. Haüy, et aux soins généreux de la Société Philantropique, n'est pas encore aussi connue qu'elle le mérite. Dans le Mémoire de M^r. BEW, que j'ai traduit de l'Anglais, et qui fait partie de cette collection, on n'en trouve aucune mention. Il n'en est pas parlé non plus ni par l'auteur de la critique des Mémoires choisis (Auserlesene Abhandlungen) qui se trouve dans la *Gazette générale de Littérature* (Allgemeine Literatur - Zeitung) de l'an 1795 , ni par celui d'une autre critique insérée dans la *Gazette de Médecine et de Chirurgie de Salzbourg de l'an* 1795 , ni par celui d'une troisième critique qui a été faite dans la *Bibliothèque générale teutonique* (Allgemeine deutsche Bibliotek) de l'an 1796 : le premier souhaite que mes projets soient exécutés , et le dernier doute qu'ils puissent l'être avec succès ; ce qui prouve qu'ils étaient loin de savoir ce qui existait déjà ; on n'en trouve même aucune notice dans le *Voyageur à Paris,* imprimé l'an 5 de la République ; ni dans les *Fragmens de Paris* (Fragmente aus Paris , Hamburg , 1797) par M^r. *Fr. Jean , Laur. Meyer ,* ouvrage agréable sur les objets les plus intéressans de cette grande ville.

Une indisposition ou plutôt l'accès d'une maladie assez dangereuse et souvent funeste dans l'âge de la jeunesse , * qui

* Ce fut l'hémoptysie , et je ne puis m'empêcher d'observer ici , que la plupart des jeunes gens qui périssent de cette maladie, sont

m'obligea de garder la chambre, favorisa
la naissance de ces projets. Ils sont en
partie les mêmes qu'on a exécutés dans
l'Institut des Aveugles ; mais peut - être
y trouvera - t - on encore quelques idées
dont on pourrait faire usage.

Il me semble que ce serait aussi une
grande consolation pour le Sourd et Muet,
de savoir lire une impression et une écriture quelconque à l'aide du toucher. Car
qui peut l'assurer qu'il ne perdra pas un
jour le plus précieux de ses sens. Il est vrai
que les exemples des Sourds devenus aveugles sont rares, mais il y en a pourtant. Et
sans le secours des signes palpables, le
moyen de converser avec un homme qui
n'a ni le sens de l'ouïe, ni celui de la vue !

de ceux qui s'adonnent à l'étude, et qui par
une vie trop sédentaire, et souvent en même
tems par d'autres causes physiques et morales
s'affaiblissent et tombent dans un excès de
sensibilité et d'irritabilité. Je suis persuadé que
la plupart, en changeant leur genre de vie,
seraient conservés. C'est principalement à ce
moyen puissant que je dois ma conservation
et ma guérison radicale.

A 3

L'Aveugle devenu sourd est à-peu-près dans le même cas que le Sourd devenu aveugle ; et il me semble qu'il serait bon, et que c'est un devoir de précaution , d'apprendre aux Aveugles et aux Sourds non seulement l'art de lire une impression et une écriture palpable , mais aussi de leur faire connaître d'autres signes , pour converser entr'eux et avec d'autres personnes à l'aide du toucher seul. Il faudrait que ces signes fussent très - simples et à la portée de tout le monde.

J'espère que l'Ode sur l'Institution des Enfans-Aveugles par le C^{en}. Huard , avec la traduction teutonique imprimée en caractères saillans , aura un double intérêt pour la plupart des Lecteurs; et que cette dernière , en donnant à mes compatriotes le premier échantillon d'une impression en caractères saillans , sera en même tems pour les Français un des exemples frappans qu'on pourrait leur donner en foule , pour prouver que la langue teutonique, qu'ils ont si peu étudiée jusqu'ici , permet de s'exprimer aussi brièvement que la leur. Et en étudiant les meilleurs ouvrages modernes écrits dans notre langue, ils se convaincront eux-mêmes, qu'elle est aussi énergique, aussi élégante et, comme langue originale, même plus expressive que la langue française. *

Je crois devoir me justifier ici d'avoir employé les mots *Teuton*, *Teutonique* et *Teutonie*, au lieu des mots *Allemand* et *Allemagne* dont on se sert mal-à-propos en France de même qu'en Espagne et en Portugal. Il est assez étrange qu'à la fin du dix-huitième siècle, l'on continue de donner à une nation voisine, à sa langue et à son pays des noms qu'on ne trouve plus nulle part chez cette même nation ni chez les autres peuples de l'Europe. Les Anglais,

* Je m'étais déjà arrangé avec l'Institut National des Aveugles pour l'impression d'une demi-feuille en caractères saillans. Mais à la revue des ustensiles, il s'est trouvé qu'ils n'étaient plus en état de servir. Si l'Institut ne peut, dans les circonstances actuelles, les faire réparer, je tâcherai de donner au moins un petit échantillon de l'impression en relief proposée par feu mon ami Jacques S c h m i t z, de laquelle on trouvera quelques notices dans le N°. II.

dont le nom est comme celui des Français d'une origine germanique, désignent tous les peuples de la Germanie ou de la Teutonie (*Teutschland*, c'est-à-dire *Pays des Teutons*) sous le nom général de Germains (*Germans*), et les Italiens sous celui de *Tedeschi*, formé d'après le mot *Teutsche* ou *Deutsche*. Il n'y a que les Français et les habitans de la presqu'île occidentale de l'Europe, qui continuent d'employer presque exclusivement les noms faux et inconvenans d'Allemand et d'Allemagne, non seulement dans le discours familier, mais aussi dans les ouvrages historiques et géographiques. Jamais ces deux mots n'ont désigné ni dans la langue germanique, ni dans les autres langues de la terre, tous les peuples germaniques pris ensemble, non plus que cette grande partie de l'Europe qu'ils habitent. Ces deux noms (*Allemanni* et *Allemannia*) désignaient autrefois un des peuples nombreux de la Germanie et le pays qu'il habitait, savoir les contrées du Haut-Rhin situées sur la rive droite de ce fleuve; mais ces noms n'existent plus aujourd'hui,

car depuis plusieurs siècles on appèle ces
contrées Cercle de Suabe. Je suis convaincu que les noms impropres d'Allemand
et d'Allemagne ont occasionné une foule
d'erreurs. J'ai même lu dans un ouvrage
français, que l'Allemagne fut autrefois
habitée par les Germains, jusqu'à ce que
les Allemands s'en rendirent maîtres. *

* Je cite ce passage de mémoire. Mais
dans la *Géographie moderne par l'Abbé Clouet,
corrigée et augmentée etc. l'an 1793,* l'on
trouve verbalement ce qui suit :   .

» *Cette région fut appellée par les anciens*
» *Germanie. Les Allemans, dont l'origine est*
» *incertaine, vinrent s'y établir.* » Il n'existe
aucun doute parmi les historiens modernes de
la Teutonie, que les Allemans n'aient été un
peuple germanique, qui ne venait pas du
dehors, mais qui se forma ainsi que les Francs,
les Saxons etc. dans l'intérieur du pays, par
la réunion d'une partie de cette foule de peu-
plades citées par Tacite dans son ouvrage sur la
Germanie.

» *Ils s'y étendirent et lui donnèrent leur nom.* »
Le nom de ce peuple est pourtant si inconnu
aujourd'hui dans ce pays, que ceux de ses
habitans, qui ne connaissent ni l'histoire ni la

 PRÉFACE.

Il me semble donc qu'il serait tems d'abolir ces noms qui eux-mêmes sont des erreurs. Tous les habitans de la Germanie emploient généralement aujourd'hui les noms de *Deutsche* et de *Deutschland*, pour désigner toute la nation et le pays qu'elle habite. On dérive ordinairement ces noms, ou d'un ancien héros germanique nommé *Thuiscon*, ou d'un peuple germanique très-fameux par son invasion dans le territoire des Romains, et cité par Tacite et d'autres auteurs sous le nom de *Teutons* (Teutones ou Teutoni.)

Presque toutes les autres nations de l'Europe ont, ou conservé les noms de *Germains* et de *Germanie*, ou elles en ont formé de nouveaux, chacune suivant le génie de sa langue, d'après les mots germaniques que je viens de citer. Les Anglais se servent des mots *German* et *Germany*, les Bataves disent *Duytscher* ou *Hoog-Duytscher* (Haut-Teuton) et

géographie ancienne, ne pourraient dire si les Allemans sont un peuple de l'Europe ou de l'Amérique.

Duytschland, les Danois et les Suédois *Tysk* et *Tyskland*, les Italiens nomment les habitans *Tedeschi* et le pays *Germania*.

Si l'on ne veut pas conserver en France les noms de *Germain* et de *Germanie*, comme les Anglais l'ont fait dans leur langue, et qu'on veuille néanmoins éviter de donner à une nation voisine et à son pays des noms qui renferment des erreurs, et qui en font naître une foule d'autres, il n'y a qu'à employer un mot qui, adopté depuis longtems dans la langue française, sert à désigner un ordre de chevaliers connu sous le nom de l'Ordre Teutonique (*Teutscher* ou *Deutscher Orden.*) Il semble qu'on ait fait une exception à l'égard de cet ordre, pour rendre la fausseté des dénominations d'Allemand et d'Allemagne d'autant plus frappante ; car personne ne parle de l'*ordre allemand*, tout le monde dit l'*ordre teutonique.* On a fait une exception semblable en disant le *Corps germanique* et l'*Empire germanique* ; car je ne me souviens pas d'avoir, jusqu'ici, lu ni entendu dire le *Corps Allemand* et l'*Empire Allemand* ou l'*Empire des*

Allemands. Il semble que les Français revêtus d'un caractère diplomatique ont eu assez de connaissances touchant leurs voisins, pour savoir que les dénominations d'Allemand et d'Allemagne, quoiqu'employées par eux-mêmes dans le discours familier, ne sont pas convenables pour suppléer aux termes de *Germani* et *Germania* déjà usités chez les anciens, ou à ceux de *Deutsche* et *Deutschland*, qui sont plus modernes.

Le nom d'Allemand ne convient pas, même sous le rapport de sa signification, pour désigner une nation qui n'est composée que de peuples de la même origine. Car le mot *allemand* ou, comme il faudrait écrire plus exactement avec l'Abbé Clouet, *alleman* signifie un composé de toute espèce d'hommes, de toute espèce de peuples. Ainsi ce nom conviendrait mieux pour désigner la nation *française* que la *teutonique* ou *germanique*; car la première est en vérité composée de toute espèce de peuples, de Gaulois, de Grecs, de Romains, de Bretons, de Francs, de Normans, etc. Et il est assez singulier que cette grande nation qui, quoique composée de plusieurs peuples, descend pourtant pour la plus grande partie des anciens Gaulois, si fameux dans l'histoire romaine, porte encore le nom de ses derniers vainqueurs, aujourd'hui qu'elle a exclu de son sein un si grand nombre de leurs descendans. Sous ce point de vue le nom de *Gaulois* et même celui d'*Allemans* aurait été infiniment plus propre pour désigner cette nation que les mots de *Francs* ou de *Français*; car ce dernier nom ne signifie rien autre chose que des descendans des Francs ou des hommes assujétis aux Francs. Mais sous un autre point de vue, sous celui de la signification étymologique, le nom de Franc (libre) conviendrait peut-être le mieux; et il semble que les Citoyens Français qui écrivent dans la langue teutonique préfèrent le nom de *Franke* ou de *Neu-Franke* (Neo-Franc) à celui de *Franzose*, qui signifie Français, et que les auteurs teutoniques eux-mêmes cherchent à éviter dans le stile sublime, comme un mot qui excite l'idée d'un peuple vaincu et esclave, sans parler de sa signification dans un mauvais langage médical. On lui substitue les mots *Franke*, *Neu - Franke* ou *Gallier* (Gaulois.)

Pour donner une idée de l'Institution des Aveugles à Paris, qui doit intéresser tous les peuples civilisés, je ferai un Extrait du *Précis historique de la Naissance, des Progrès et de l'État actuel* de cet établissement qui se trouve dans l'ouvrage du C^{en}. Haüy, qui a pour titre : Essai sur l'Institution des Aveugles.

» Une nouveauté d'un genre singulier attirait, il y a plusieurs années, un concours de monde, à l'entrée d'un de ces lieux de rafraîchissemens, placés dans les Promenades publiques, où d'honnêtes Citoyens vont se délasser un instant vers la chute du jour. »

» Huit à dix pauvres Aveugles, des lunettes sur le nez, postés le long d'un pupitre qui portait de la musique, y exécutaient une symphonie discordante, qui semblait exciter la joie des Assistans. Un sentiment tout différent s'empara de notre âme ; et nous conçûmes dès l'instant la

possibilité de réaliser à l'avantage de ces
Infortunés, des moyens dont ils n'avaient
qu'une jouissance apparente et ridicule.
L'aveugle, nous dîmes-nous à nous-mêmes,
ne connaît-il pas les objets à la diversité
de leur formes ? Se méprend-il à la valeur
d'une pièce de monnaie ? Pourquoi ne
distinguerait-il pas un *a* d'un *f*, si ces
caractères étaient rendus palpables. »

» Nous réfléchissions quelquefois à l'u-
tilité de cette exécution, lorsqu'une autre
observation vint encore nous frapper. Un
jeune Enfant plein d'intelligence, mais
privé de la vue, écoutait toujours avec
fruit corriger les devoirs classiques de son
frère. Souvent même il le priait de lui
lire ses livres élémentaires. Celui-ci, plus
occupé des objets de ses récréations, fer-
mait l'oreille aux sollicitations de son
malheureux frère, qu'une maladie cruelle
emporta bientôt. »

» Ces différens exemples ne tardèrent
pas à nous convaincre, combien il serait
précieux pour les Aveugles d'avoir des
moyens qui pussent étendre leurs connaissances, sans qu'ils fussent obligés

d'attendre ou quelquefois même de demander infructueusement les secours des Clairvoyans. »

» Mademoiselle Paradis arriva dans cette Capitale. Elle nous fit voir ses tentatives et celles de M^r. Weissenbourg. Nous recueillîmes celles des Aveugles qui avaient vécu avant nos jours ; nous mîmes à exécution quelques-uns de leurs procédés ; nous y joignîmes le résultat des nôtres ; et nous fîmes un plan général d'Institution. »

» François Le Sueur, frappé de cécité, à la suite de convulsions, à l'âge de six semaines, et qui n'avait, à dix-sept ans et demi, aucune notion relative aux Lettres, est celui sur lequel le C^en. Haüy tenta ses premiers essais. Les efforts de tous les deux furent bientôt suivis d'un tel succés, que le jeune Le Sueur * fit ses exercices en présence du Comte de Vergennes et de plusieurs autres personnes distinguées ; et que tous ces té-

* Depuis 1794 Économe de l'Institution des Aveugles.

moins

moins l'encouragèrent par leurs bienfaits. »

» Mais tandis que le C.¹ *Haüy* es-
quissait ainsi, dans le particulier, les
premiers traits de son Plan d'Institution
des Enfans-Aveugles, déjà la *Société
Philantropique* avait jetté les fondemens
de cette Institution. Douze pauvres Enfans-Aveugles, recevant de cette Compagnie chacun un secours de 12 livres
par mois, furent confiés aux soins du
C. Haüy. »

» Bientôt cette Institution acquit un
nouveau degré d'intérêt aux yeux du
Public. Entraîné par le suffrage des Gens
instruits, par sa propre expérience, par
les mouvemens d'un cœur disposé à favoriser le bien, on s'empressa de toutes
parts à contribuer aux frais de construction d'un Édifice. »

» L'Académie Royale de Musique exé-
cuta, le 19 Février 1786, au bénéfice
des Enfans-Aveugles, un Concert ; le
Lycée, le Musée et le Sallon de Correspondance se disputèrent, à l'envie, la
douce satisfaction de voir, au milieu de
leurs Séances Académiques, de jeunes

Enfans-Aveugles balbutier les premiers élémens de la lecture, des calculs, etc. L'enthousiasme gagna les Sociétés particulières, et les exercices des Enfans-Aveugles furent toujours terminés par quelque récolte en leur faveur. »

» Trente de ces Infortunés partagent maintenant, (1786), avec ces secours, les avantages de cette Institution. * Plusieurs autres, trop jeunes encore pour être appliqués aux travaux, n'en reçoivent pas moins le soulagement auquel leur triste situation semble leur assurer un droit. Mais dans l'état actuel où est notre Etablissement, (je transcris ici les paroles du Cen. Haüy) nous prions nos Lecteurs de ne le regarder que comme une ébauche. Nous espérons que leur sagacité leur montrera dans ces prémices, le gage des succès qu'ils promettent par la suite. C'est ainsi qu'un observateur attentif des productions de la Nature voit, dans les boutons que le Printems fait pointer de toute

---

* Le nombre se monte à présent (1799) à plus de soixante et peut être augmenté jusqu'à quatre-vingt ; plusieurs sont mariés.

part sur les arbres, l'annonce des fruits que produira l'Automne. »

L'Institution des Aveugles continue de subsister en partie par le produit de ses propres travaux, sous la direction du C^{en}. Haüy. Cette collection de Mémoires même y sera imprimée. J'insérerai ici, principalement pour les Lecteurs éloignés de Paris, une Annonce que cette Institution vient de publier.

» *IMPRIMERIE.* »

» Les Aveugles-Travailleurs de l'Institution Nationale établie Rue Denis, N°. 34, au coin de celle des Lombards, venant de renouveler leur Imprimerie, le Public est averti, qu'à l'aide d'un assortiment de beaux Caractères d'un des meilleurs Fondeurs de Paris, ils continuent d'exécuter ses ordres avec exactitude, et à un prix très-modéré, dans tous les objets connus sous le nom de *Travaux de Ville*, relatifs soit au Commerce, soit à tout autre objet, tels que *Billets de*

Mariage et d'Enterrement, Factures, Adresses, Quittances, Affiches, Prix courans, Circulaires, Lettres de Voiture, Registres, Tableaux, Protocoles de Lettres, Actes etc. et généralement tout ce qui concerne l'Imprimerie. »

« A la considération d'économie qu'offre cette Imprimerie, s'en joint une plus capable, sans doute, de fixer l'attention des Personnes Bienfaisantes ; c'est que le produit de ces opérations qui sont exécutées par les AVEUGLES - TRAVAILLEURS, est consacré en entier au soulagement et à la consolation de ces Êtres intéressans.»

» *OBSERVATION.* »

» Les Personnes qui desirent prendre une idée plus exacte de ladite Imprimerie, sont invitées à assister à l'Exposition publique des Travaux des Aveugles. »

» Elle a lieu les *Primidi* et *Sextidi* de chaque Décade, à une heure *très-précise*, en l'Institution Nationale. »

» Ils y exécutent des ouvrages relatifs à différens métiers ; ils *lisent*, calculent, *écrivent*, impriment, *chantent* et jouent de *divers instrumens*, etc. »

» Il y a, dans le même Établissement que l'on confond souvent mal-à-propos avec celui des Sourds - Muets, une Maison d'*Éducation* et un *Interprète National* pour la Traduction des Langues de l'Europe, et le Déchiffrement. »

———————

Je vais terminer cette Préface, en donnant le sommaire de l'ouvrage important du C^{en}. *Haüy*, dont il paraîtra bientôt une nouvelle édition.

» Chapitre Ier. But de l'Institution des Enfans - Aveugles. »

» Chapitre II. Réponse à l'objection contre l'utilité générale de cette Institution. »

» Chapitre III. De la Lecture à l'usage des Aveugles. »

» Chapitre IV. Réponse à diverses objections contre la Lecture à l'usage des Aveugles. »

» Chapitre V. De l'Imprimerie des Aveugles, à leur propre usage. »

B 3

Paris, le 18 Fructidor de l'an 7,
(le 4 Septembre, 1799.)

I.

OBSERVATIONS

SUR LA CÉCITÉ

ET SUR

L'USAGE DES AUTRES SENS

POUR SUPPLÉER A LA PERTE DE LA VUE,

Par

M[r]. B E W, *de la Société littér. et philos. de Manchester ;*

Traduites de l'Anglais.

. . . . tenebrasque necess'st
Non radii solis, neque lucida tela diei
Discutiant . . . . .

Lucrèce.

P A R M I le nombre des accidens et des malheurs auxquels l'espèce humaine est exposée, il n'en est aucun qui excite autant notre compassion ou qui exige plus puissamment notre bienveillance, que la Cécité. Dans tous les siècles, dans tous les pays on a toujours accordé à l'Aveugle un droit incontestable aux secours de ses semblables; et la vénération accordée à son génie, lorsqu'il s'est approché de la perfection, a toujours surpassé celle que l'on accorde ordinairement à ceux qui jouissent de la vue.

La faculté de la Vue est regardée avec raison comme supérieure à tous les autres sens. L'Ouïe, le Goût, l'Odorat, comparés à la Vue, paraissent fort limités dans leurs forces et leurs usages. Et quoique le sens du Toucher soit peut-être en possession de transmettre à l'esprit humain et le plus de notions et les notions les plus exactes des différentes modifications de la matière, néanmoins l'étendue et la célérité de la Vue, en nous déployant les merveilles de la nature ou les variétés de l'art, surpassent de beaucoup toutes les perceptions que le toucher ou les autres sens nous peuvent fournir. C'est peut-être par cette raison que nous employons le mot *voir* dans un sens figuré, en donnant à toute vérité reconnue le caractère de l'évidence, et que dans sa signification la plus expressive nous en fesons même un attribut distinctif de l'Être suprême, en disant qu'il voit tout.

Il n'existe en aucune partie du corps humain ou même de toute la nature connue, des preuves plus évidentes, d'une perfection et d'une sagesse extrême, que dans ce qui concerne le sens de la Vue ; soit que nous dirigions notre attention sur l'étonnante régularité, l'ordre, la subtilité et la rapidité des rayons de lumière qui servent à ce sens , ou sur la structure et la forme de ce petit organe destiné au siège de cette faculté. Un savant et élégant philosophe * a fort bien remarqué ,
» qu'avec un globe et une tige d'un
» pouce de diamètre nous sommes en
» état, d'observer dans un instant, sans
» changer de place, la disposition d'une
» armée , la forme d'un palais et la variété
» d'un paysage ; » et comme il a remarqué

* Dr. Reid, p. 121.

plus bas, » de trouver non seulement
» notre chemin sur le vaste océan, de
» traverser la surface de la terre, de
» déterminer sa figure et ses dimensions,
» et de désigner toutes ses régions : »
Mais aussi

. . . . . » De nous en éloigner et de
» parcourir d'un vol hardi l'azur infini, »
de constituer l'ordre, les révolutions et
les distances des planètes, et de former
même des conjectures sur

. . . . . » Chaque étoile que la voûte
» éclairée d'une nuit d'hiver présente à
» nos yeux, ou que le tube astronomique
» arrache de l'obscurité d'un abyme
» éloigné. » *Thomson.*

En considérant cette capacité presque
illimitée de la Vue, nous nous trouvons
non seulement enflammés de reconnaissance envers l'Être suprême, et élevés à
la piété et à la dévotion, mais encore nous
nous sentons involontairement portés à
donner nos secours aux infortunés privés
de cette noble faculté.

Et c'est ici que se présentent tous les
motifs de nous pénétrer d'admiration pour

cette sage providence et cette bonté de l'Auteur divin de notre existence. Car malgré la vaste étendue des propriétés de la Vue, il est peu de connaissances acquises jusqu'à ce jour par ce sens, qui, avec une douce et attentive persévérance, ne puissent se communiquer même aux Aveugles de naissance. Le bigot ou l'enthousiaste qui condamne les recherches de la philosophie, et les déclare faussement incompatibles avec la religion, voit avec étonnement l'Aveugle s'expliquer sur la lumière ou sur les couleurs, sur la réflexion, la réfraction et les différens sujets que la privation de la Vue semblerait devoir lui dérober ; et se contente de rapporter de suite le tout à la dispensation immédiate de la Divinité. Le philosophe au contraire, quoiqu'il finisse par attribuer avec une soumission entière les effets à la Toute-puissance, n'en est pas moins jaloux d'éviter le reproche fait au serviteur, » qui enfouit son Talent. » Il essaye de faire valoir les talens dont il peut être doué, en tâchant de découvrir les moyens par lesquels les effets doivent s'accomplir, et cela pour servir plus sûrement les intérêts de l'humanité.

L'influence puissante de l'exercice et de l'habitude sur les facultés intellectuelles ainsi que sur les facultés physiques est trop bien reconnue, pour exiger beaucoup d'éclaircissemens. Les muscles de chaque partie du corps acquièrent une vigueur et une plénitude particulière par l'exercice habituel; et on remarque la même chose, quoique dans un bien plus haut degré, à l'égard des facultés de l'âme. De ce sage arrangement dans l'économie de la nature résulte une foule de ressources que l'Aveugle se trouve capable de tirer de l'exercice des autres sens, qui peuvent être perfectionnés au point de compenser en grande partie la perte du sens précieux de la Vue. La délicatesse et la précision avec laquelle de célèbres Aveugles se sont servis des autres sens, principalement de l'Ouie et du Tact, surpasseraient certainement les bornes de la crédibilité, si nous n'étions pas assûrés de la vérité des faits autant par l'expérience actuelle, que par des témoignages incontestables.

Le Docteur *Saunderson* était si je une, quand il perdit la vue par la petite vérole, qu'il ne se souvenait pas d'avoir jamais vu. Il n'avait pas plus d'idées de la lumière que s'il fût né aveugle. Malgré cet accident, il acquit une connaissance si profonde et si parfaite des mathématiques, que son mérite seul le fit nommer professeur à l'Université de Cambridge. L'habileté de ce célèbre philosophe ne le cédait en rien à ses connaissances, ce que nous ne trouvons pas toujours parmi ceux qui ont la pleine jouissance de la vue. Ses leçons sur les différentes branches des mathématiques, de la physique, de l'astronomie et de l'optique étaient extrêmement claires et intelligibles. Convaincu des difficultés qui s'opposent aux progrès des jeunes gens dans la physique, et qui résultent de l'obscurité dont les objets de cette science se trouvent ordinairement enveloppés, il s'attacha et réussit à prévenir et à éloigner ces difficultés, en fournissant une méthode à la fois étendue, naturelle et aisée à comprendre.

Le Docteur *Saunderson*, ainsi que la

plupart des Aveugles, avait le sens du
Tact très - exquis ; et ce fut au moyen de
ce sens qu'il acquit une partie de ses
principales idées. Il distinguait avec une
exactitude étonnante les propriétés particulières, qui dans les corps dépendaient
de la rudesse ou de la douceur de leurs
surfaces. On a un exemple remarquable
de sa précision à cet égard. On lui présenta
une suite de médailles romaines, dont
quelques unes étaient vraies, d'autres
fausses. Le Docteur Saunderson, en
passant les mains dessus, fut bientôt capable de distinguer les vraies antiques de
celles qui étaient contrefaites, quoique
ces dernières eussent été si bien imitées
qu'elles trompaient un connaisseur qui
en jugeait seulement au coup - d'œil.
» Mais moi, » dit le professeur, » qui ne
» pouvais m'en rapporter à ce sens, je
» sentais aisément dans les nouvelles pièces
» une rudesse qui suffisait pour les faire
» reconnaître. »

Au moyen du sens délicat du Toucher
il savait distinguer et l'impression produite
par le rapprochement ou l'éloignement

des corps, et les différentes variations de l'atmosphère. Le sens de l'Ouie était porté chez lui à un degré semblable de perfection. Il lui était facile de déterminer la cinquième partie d'une note de musique. * Non seulement il distinguait et reconnaissait, au son particulier de leur voix, les différentes personnes avec lesquelles il conversait, mais il se rappelait même en quelque sorte les différens endroits. Guidé par le bruit des pavés, des cours et des places ainsi que par la réflexion des sons produite par les murs, il se souvenait des différentes variations, de manière à pouvoir désigner très-exactement les endroits, lorsqu'on l'y reconduisait ensuite.

Nous pourrions citer une grande variété d'exemples anciens et modernes, qui prouvent que les Aveugles ont excellé en différentes branches de science et en particulier dans plusieurs parties des mathématiques.**

* The fift part of a note of music.

** On lit que Diodote, précepteur de Cicéron, s'appliqua plus sérieusement aux mathématiques après être devenu aveugle.

» Diodotus stoicus, cœcus multos annos,

Mais l'attachement, que ces infortunés montrent pour l'étude agréable de la

» nostræ domi vixit : is vero, quod credibile
» vix esset, cum in Philosophia multo etiam
» magis assidue, quam antea versaretur tum
» quod sine oculis fieri possit. Geometriæ
» munus tuebatur, præcipiens discentibus,
» unde, quo, quamque lineam scriberent. » *
Cic. Tusc. disp. L. V. 39.

Didymus d'Alexandrie est réprésenté par St. Jérome et l'historien Cassiodore comme un prodige dans la logique et les mathématiques, quoiqu'il ait été aveugle dès son enfance. Le dernier écrivain parle aussi d'un Eusèbe asiatique qui, bien qu'aveugle, se distingua dans toute sorte de connaissances.

---

* L'auteur a tronqué ce passage et ne l'a pas cité exactement. *Cicer. opp. ed. Jani et Gruteri, Hamb. 1618. Tom. IV. Tuscul. Quæst. lib. V. c. 39.* Diodotus stoicus, cœcus, multos annos domi nostræ vixit. Is vero, quod credibile vix esset, cum in philosophia, multo magis assidue, quam antea, versaretur, et cum fidibus Pythagorærum more uteretur, cumque ei libri nocteis et dies legerentur, quibus in studiis oculis non egebat tum (*in edit. Lambini leg.* tamen) quod sine oculis fieri vix videtur, geometriæ munus tuebatur, verbis præcipiens discentibus, unde, quo, quamque lineam scriberent.

musique

musique et de la poësie, est encore plus général. L'influence puissante de l'expression verbale communiquée aux Aveugles sous la forme poëtique, et les idées analogues qui en naissent, sont vraiment étonnantes. Nous en avons une nouvelle preuve dans le Docteur *Blacklock* d'Edimbourg. Cet homme aimable était, je crois, ou né aveugle ou devenu tel bientôt après sa naissance. Néanmoins nous ne trouvons dans ses belles poësies aucun défaut qu'on puisse attribuer à la privation de la vue ; au contraire on y remarque des descriptions de scènes et d'objets visuels, aussi charmantes, aussi expressives et aussi justes que s'il avait réellement jouit de la vue et qu'il eût tiré ses descriptions d'une contemplation exta-tique des différentes perspectives de la nature. En considérant attentivement ce sujet, nous devons être convaincus, que l'enthousiasme poëtique qui inspira le Dr. *Blacklock*, et fit naître en lui ces talens imitatifs, ne pouvait être produit que par les différentes combinaisons des sons portés à son imagination par les mots.

C

L'influence de la musique s'observe encore plus généralement que celle de la poësie. La musique paraît être presque sans exception l'amusement favori des Aveugles. Il n'y a aucune autre occupation de l'esprit, excepté la contemplation religieuse, qui paraisse aussi propre à porter le calme dans l'âme et à dissiper les idées mélancoliques qui sans doute doivent quelquefois aigrir l'humeur de ceux qui sont entièrement privés de la vue. Ceci joint à l'influence salutaire qui résulte de la pratique de cet art agréable, en vivifiant et perfectionnant le sens de l'ouïe, devient un sujet qui mérite la plus sérieuse attention. Le célèbre professeur que nous venons de citer excellait dans sa jeunesse à jouer de la flûte, et la délicatesse de de son ouïe a été attribuée avec raison à ce qu'il s'adonna de bonne heure à la musique. Il n'est donc pas surprenant que tant d'Aveugles se soient distingués dans cet art. *Stanly* et *Parry* furent privés de la vue dès leur première enfance, néanmoins ils ont tous deux donné des preuves étonnantes de talens non seulement dans la composition et l'exécution de la musique , mais aussi dans des arts qu'au premier aspect nous pourrions être portés à considérer comme particulières à ceux qui jouissent entièrement de la faculté de voir. Leur mérite comme musiciens est suffisamment constaté et reconnu. Le stile de *Stanly* lui appartient entièrement , et il égale sur l'orgue , s'il ne les surpasse , tous ceux de ses contemporains qui ont touché de cet instrument sublime. *Parry* peut être révéré comme le barde Britanique des tems modernes. Les sallons de la capitale de Cambrie retentissent des vibrations mélodieuses de sa harpe , et il a réuni les raffinemens du goût et de l'élégance, aux modulations rudes , mais expressives de l'antiquité.

Je passe sous silence une foule d'exemples qu'on pourrait vous citer, et je vais vous entretenir du Docteur *Henry Moyes*, ce professeur éloquent de chimie philosophique. La plupart des membres de cette Société ont eu le plaisir de suivre ses leçons , et plusieurs de nous l'ont connu plus particulièrement.

Ce profond philosophe perdit la vue par la petite vérole dès sa première enfance ainsi que le célèbre professeur dont nous avons parlé précédemment. Il ne se souvenait pas d'avoir jamais vu. » Les premières traces » de mémoire que j'ai, consistent, » dit-il, » dans quelques idées confuses relatives » au système solaire. » Il avait le bonheur d'être né dans un pays, où les sciences de toute espèce sont bien cultivées, et d'être élevé dans une famille qui s'y livrait.

Naturellement doué de génie et se livrant avec ardeur à l'étude, il fit des progrès rapides en différentes sciences. Il acquit non seulement les principes fondamentaux de la mécanique, de la musique et des langues, mais il s'enfonça même profondément dans l'étude des sciences plus abstraites, et il déploya une connaissance exacte et générale de la géométrie, de l'optique, de l'algèbre, de l'astronomie, de la chimie, en un mot, de la plupart des branches de la philosophie Newtonienne.

Des exercices mécaniques étaient les occupations favorites de son enfance. Il apprit dans un âge fort tendre à se servir

dés instrumens tranchans, et si parfaitement que, malgré sa cécité absolue, il
était en état de faire de petits moulins à
vent. Il construisit même un métier de
tisserand de ses propres mains qui portent
encore les cicatrices des plaies qu'il se fit
dans l'exécution de ces ouvrages.

Au moyen d'une intimité agréable, et
en conversant fréquemment avec cet
ingénieux Aveugle, pendant qu'il résidait
à Manchester, j'avais souvent l'occasion
d'observer la manière particulière, dont
il arrangeait ses idées et acquérait des
connaissances. J'ai observé que toutes les
fois qu'il était introduit dans une société,
il passait quelque tems dans le silence.
Le son le fesait juger des dimensions de
l'appartement, et la différence des voix du
nombre des personnes présentes. Ses éva-
luations à cet égard étaient très-exactes,
et sa mémoire si fidèle qu'il lui arrivait
rarement de se tromper. Je l'ai vu reconnaître une personne au premier instant
qu'il l'entendit parler, quoique plus de
deux ans se fussent écoulés depuis leur
dernière entrevue. Il déterminait d'une

manière très-approchante , par la direction
de leur voix , la stature des personnes
avec lesquelles il parlait , et il fesait
des conjectures passables sur leur tempéra-
ment et leurs inclinations par la teinte
qu'elles donnaient à la conversation.

Il faut observer que les yeux de cet
Aveugle n'étaient pas entièrement insensi-
bles à une forte lumière. Les rayons
brisés par un prisme , pourvu qu'ils
fussent assez vifs , y produisaient différens
effets sensibles. Le rouge lui donnait une
sensation désagréable qu'il comparait au
toucher d'une scie. A mesure que les
couleurs devenaient moins vives, il éprou-
vait moins de désagrément , jusquà ce
qu'arrivé au vert, la sensation devenait très-
agréable ; il la décrivait comme produi-
sant une impression semblable à ce qu'il
sentait , en passant la main sur des surfaces
unies et veloutées. C'est par de telles
surfaces , des ruisseaux serpentans et des
pentes douces, qu'il exprimait figurément
ses idées sur la beauté. Des rochers rabo-
teux , des pointes irrégulières et des
élémens orageux lui fournissaient les

expressions de la terreur et du degoût. Il excellait dans les charmes de la conversation, était heureux dans ses allusions aux objets visuels, et discourait avec justesse et précision sur la nature, la composition et la beauté des couleurs.

Le Dr. Moyes fut un exemple frappant du pouvoir de l'âme pour trouver des ressources de contentement au milieu même des calamités les plus graves. Quoique enveloppé dans une obscurité continuelle, privé du spectacle charmant de la nature ou silencieuse ou animée ; quoique assujeti à chercher sa subsistance par des moyens, dont le succès était très-précaire ; en un mot, quoique sans autre soutien que celui de son génie, et sous la protection mercenaire d'une personne, dont l'intégrité lui était suspecte ---- néanmoins le Dr. Moyes était presque toujours gai et apparemment heureux. Et ce doit être une grande satisfaction pour tout homme sensible, de voir régner cette gaîté presque parmi tous les Aveugles. Quoique exclus de la plupart des occupations et des jouissances de l'homme, quoique privé de la vue de ses semblables, l'Aveugle a pourtant la consolation d'être à l'abri du sentiment et de l'influence contagieuse de ces émotions pénibles de l'âme qui se peignent sur la physionomie, et que l'hypocrisie elle-même soustrait à peine à la vue. Cette disposition peut aussi être regardée comme un témoignage intérieur de la perfection de l'âme humaine, qui conserve ainsi sa dignité et sa sérénité dans un des plus grands malheurs qui nous puissent arriver. En effet, on trouve cette sérénité jointe à la résignation, non seulement parmi les Aveugles de naissance, mais en général parmi ceux qui ont perdu la vue, même dans un âge plus avancé, et qui sans doute doivent sentir ce malheur avec le plus d'amertume. Cependant nous trouvons que le souvenir affligeant des plaisirs passés que la mémoire leur présente, s'évanouit bientôt, et que des réflexions plus douces et plus agréables lui succèdent. La contemplation vient s'établir dans l'esprit humain, son siège particulier; et l'Aveugle se soumet avec résignation et gaîté à la volonté du ciel et à la protection de ses semblables moins

Infortunés. Qu'il est dur en effet le cœur de celui qui ne tend pas la main pour secourir l'Aveugle, ou qui par injustice, insensibilité et impolitesse, réveille le sentiment de la dépendance, à laquelle il est condamné pour toute sa vie !

Les Aveugles dont j'ai parlé jusqu'ici étaient, comme on l'aura observé, de ceux dont les facultés naturelles avaient été cultivées et développées de bonne heure par une éducation soignée. Mais nous trouvons que, même dans les cas où l'éducation a manqué et où l'Aveugle a été abandonné en grande partie aux soins de la nature seule, les facultés naturelles elles-mêmes fesaient de grands efforts pour suppléer au défaut de la Vue. Je vais vous entretenir d'un homme qui, né dans ce voisinage, y est très-connu. C'est le nommé *Jean Metcalf* qui, comme les Aveugles déjà cités, perdit la vue dans sa première enfance, de sorte qu'il n'avait aucune connaissance de la lumière et de ses différens effets. Il passa une partie de sa vie comme charretier et quelquefois même il servait de guide dans des chemins difficiles pendant la nuit ou quand la neige avait couvert la route. * Cela paraîtra singulier aux clairvoyans, néanmoins l'occupation qu'il a embrassée depuis est encore plus extraordinaire. On croirait, que ce serait une des dernières sur lesquelles un Aveugle porterait son attention. Il s'occupe maintenant à projeter et à construire les grands chemins dans des contrées difficiles et montagneuses. Souvent je l'ai trouvé avec un grand bâton à la main, traversant les routes, gravissant les précipices, visitant les vallées, et recherchant leurs différentes dimensions, leurs formes et leurs situations, au point de répondre le mieux du monde à ses desseins.

* Etant l'année passée (1798) à Wingeshausen dans le comté de Witgenstein - Berlebourg, Mr. STAHL, le vénérable ministre de ce village situé dans une contrée montagneuse, m'assura qu'un Aveugle de sa paroisse, demeurant dans ce même village, était employé à garder dans un certain district les fruits de la campagne et à chasser le gibier, qui vient pendant la nuit des forêts voisines. Il se sert pour cela d'un chien et d'une arme à feu.   S.

Il lève les plans et fait les estimations d'une manière qui lui est propre et qu'il ne peut transmettre aux autres. Ses talens à cet égard sont néanmoins si grands, qu'il trouve constamment du travail. La plupart des routes sur le Peak en Derbishire ont été changées d'après ses renseignemens ; principalement celles qui sont dans le voisinage de Buxton. Et dans ce moment il en construit une nouvelle entre Wilms-low et Congleton, afin d'ouvrir une communication avec la grande route de Londres, sans être obligé de passer par dessus les montagnes. *

* Depuis que ce Mémoire est écrit et qu'il a eu l'honneur d'être remis à la Société, j'ai rencontré cet Aveugle, qui était seul comme de coutume ; et conversant avec lui, je lui fis quelques questions sur cette nouvelle route. Je fus surpris de la précision étonnante avec laquelle il décrivait les directions de la route et la nature des différens sols, à travers lesquels elle se portait. Lui ayant parlé d'un terrein marécageux où elle passait, il m'observa, que c'était le seul endroit qui l'inquiétait, craignant, que malgré ses instructions on n'y eût trop épargné les matériaux.

Ces exemples suffiront, je pense, pour prouver combien les autres sens peuvent être perfectionnés par l'exercice, de manière à suppléer, sous différens rapports, au défaut de la vue. Les sensations de l'Odorat et du Goût sont en effet si limitées, qu'elles ne paraissent pas capables de fournir aux Aveugles beaucoup d'avantages particuliers : mais les perceptions de l'Ouie et du Tact, comme nous l'avons vu, peuvent servir à des desseins extrêmement variés et nombreux.

- Par la délicatesse du Toucher et de l'Ouie, l'Aveugle acquiert non seulement des connaissances à l'égard des personnes et des endroits, il n'est pas seulement averti du danger et excité au plaisir ; mais au moyen de ces facultés délicates, il devient encore capable de reconnaître plusieurs qualités visibles des corps, et de les distinguer avec une certaine précision. Je ne prétends pas conclure, qu'un Aveugle attache les mêmes idées aux qualités visuelles, que ceux qui jouissent de la vue. Je veux seulement faire observer, qu'il se forme une notion générale de leurs caractères, par l'analogie qu'il leur trouve avec des qualités, qui lui sont connues au moyen de ses autres sens. Par excemple, si nous lui présentons une violette et lui demandons les idées qu'il se forme de ses qualités, il sera en état de répondre avec une grande précision à l'égard de son odeur, etc. qui, comme le nom même de violette (*the violet*) est douce et agréable. Mais à l'égard de la couleur, il sera absolument incapable de s'en former aucune idée, excepté celles qu'il peut déduire d'analogies très-éloignées, telles que la mélodie plaintive de la flûte, le doux poli des surfaces, etc. Il comparera de même par des rapprochemens convenables la couleur éclatante d'écarlate à la flamme d'une fournaise, au bruit d'une trompette ou à l'odeur des aromates, parceque chacun de ces objets produit sur ses sens des effets violens.

Mais quelque surprenante que soit l'instruction que les sens de l'ouie et du toucher donnent à l'Aveugle, elle serait pourtant passagère et peu utile, si les impressions et les idées n'étaient pas conservées et mûries par le secours de la mémoire. C'est principalement par ce moyen que l'Aveugle acquiert les avantages précieux, qui proviennent des autres sens. Et c'est ainsi que la bonté dela providence semble avoir compensé le plus avantageusement la pénible privation du sens de la vue. L'aveugle n'étant pas distrait par ce changement perpétuel, qui ne cesse de frapper les organes de la vue durant la veille, poursuit ses perceptions et ses contemplations internes avec un calme non interrompu. L'entrepreneur des routes, non lettré, à qui je témoignais ma surprise sur la justesse de ses distinctions, me répondit, » qu'il n'y avait là rien de surprenant; pour vous, Monsieur, » dit-il, » vous pouvez avoir » recours à la vue toutes les fois que » vous avez besoin de voir ou d'examiner » quelque chose, au lieu que moi je ne » puis me confier qu'à la mémoire. Mais » il y a pourtant là un avantage pour » moi. La facilité avec laquelle vous voyez » les objets à volonté, vous dispense de la » nécessité de vous en imprimer profondé-

» ment les idées, et en général ces impres-
» sions sont promptement effacées. Mes
» notions, au contraire étant acquises avec
» plus de difficulté se gravent par cette
» raison même si profondément dans ma
» mémoire qu'elles y restent presque
» ineffaçables. » Telle est l'influence étonnante, qui résulte de la réunion de l'exercice et de l'habitude, sur les facultés des
Aveugles, que la stabilité de leurs connaissances compense en grande partie la
peine exigée pour y parvenir !

La promptitude avec laquelle nous
saisissons au moyen de la vue les particularités d'un endroit, et la facilité
avec laquelle nous les revoyons et nous
les reconnaissons, nous rend le secours de
la mémoire moins nécessaire. Par exemple,
la grandeur de l'appartement que j'habite,
les meubles qui le garnissent, etc. se
présentent aussitôt par l'organe de la
vue au clairvoyant qui vient me voir pour
la première fois, en sorte qu'il sera en
état, de se rappeler le tout à l'instant, si
jamais il revient. L'Aveugle au contraire
n'acquiert cette connaissance qu'à l'aide

d'une attention bien soutenue. Il est obligé de se faire conduire dans les différentes parties de l'appartement, de passer ses mains sur les surfaces des meubles, des tableaux etc. avant qu'il puisse se former aucune idée de l'endroit. Mais si, à l'aide des perceptions du toucher et d'un degré nécessaire d'instruction, il reçoit une suite regulière d'idées différentes, son esprit les associe avec une telle ténacité qu'il est rarement obligé de répéter ses recherches.

C'est par cette exactitude et cette ténacité de la mémoire, que le mathématicien aveugle est dirigé dans ses recherches sur les principes de la projection et sur les différentes règles de la perspective ; qu'il se trouve en état de faire des calculs et des conclusions exactes ; de résoudre des problèmes en algèbre et dans des séries infinies ; et de concevoir avec précision les différens effets des corps sur la vue, en se rapprochant ou en s'éloignant, en se mouvant dans une ligne droite ou dans une courbe.

Il faut observer que, quoique l'Aveugle puisse

uisse concevoir avec une certaine exactitude les propriétés de la figure et de l'exten-
ion, il ne s'en suit pourtant pas, qu'il
erait en état de les distinguer avec la
ême certitude au moyen de la vue, si
e sens lui était communiqué tout à
oup. Au contraire, nous trouvons que
ette question élevée par Mr. Molineux *
ut décidée entièrement de la même ma-
ière que ce philosophe s'y était attendu
ans le cas extraordinaire d'un jeune
omme aveugle, que Mr. Cheselden eut
e bonheur de rendre clairvoyant à l'âge
e treize ans par l'abaissement de la cata-
acte. ** Ce jeune homme, sentant pour
a première fois les impressions des objets
ur les organes de la vue, s'imagina que
out ce qu'il voyait, touchait ses yeux;
t il ne fut pas en état de distinguer un
bjet d'avec un autre, quelque différentes

* Locke on the Understanding, vol. I. p. 107.

** M. Cheselden a décrit lui-même ce cas
ans l'ouvrage intitulé : Anatomy of the human
ody, London 1750. in 8. p. 300.   S.

D .

qu'en fussent les formes. Quand on lui présentait des objets qui lui étaient déjà connus par le toucher, il les regardait avec attention, pour les reconnaître; mais soudain il se sentait embarrassé par la foule des objets qui fourmillaient devant ses yeux, et le tout ensemble s'enveloppait dans l'obscurité. * Il paraît donc aussi bien par le fait que nous venons de citer, que par un examen attentif du sujet, que ceux qui font usage de leurs yeux ne voient au commencement que des surfaces et des couleurs; et qu'ils n'ont aucune connaissance des effets visibles de la lumière et du relief, jusqu'à ce qu'ils l'aient acquise par l'expérience. En effet, en considérant soigneusement les opérations de notre esprit, nous trouverons que les appa-

* Les phénomènes observés dans ce jeune homme et dans plusieurs autres cas semblables prouvent en même tems, que l'Aveugle à qui on a communiqué la vue tout-à-coup n'est pas en état de distinguer aussi-tôt la situation des objets. Voyez N°. VI de cette collection.   S.

rences visibles des objets sont rarement bien observées, à moins que nous ne prenions la peine de dessiner ces objets. L'apparence visible en est variée selon la direction de la lumière, leur position et leur distance par rapport à celui qui les voit : néanmoins convaincus par l'expérience de leur identité nous concevons la vraie figure dans ses véritables proportions, et nous ne regardons l'apparence visible ou perspective que, comme un signe ou un indice.

Le peintre attentif connait fort bien cette opération de l'âme, et en dessinant ses objets et en les relevant par la distribution de lumière et d'ombre, il évite soigneusement de former des conclusions, avant qu'il ait considéré avec attention les prémisses. L'effet produit par un tableau bien exécuté prouve suffisamment la véritable apparence des corps, suivant leur point de vue, et nous montre les impressions qu'ils doivent faire sur les organes de la vue, avant l'influence de la raison et la correction du jugement. Le peintre qui emploie les moyens imitatifs de son art pour faire illusion à la vue, ne trace pas seulement le contour de sa figure, pour lui donner exactement la même teinte uniforme qu'elle présente dans la nature, mais il la saisit dans un certain point de vue et c'est alors seulement qu'il dessine et applique ses couleurs de manière à faire croire que l'objet est réellement sur la toile. Il n'est donc pas surprenant que le jeune homme dont nous venons de parler, ait été fort étonné de ne pas trouver aux tableaux soumis à l'examen de ses doigts le même relief des objets que ces tableaux réprésentaient. Ceci, de même que l'art de rapetisser une figure et d'en conserver pourtant la ressemblance, doit être pour une personne qu'on vient de mettre en possession de la vue une aussi grande énigme que la circonstance citée par Mr. Diderot * par rapport au miroir.

Il est donc plus que probable que

* Oeuvres de Mr. Diderot, tom. II. Art. Lettres sur les Aveugles, etc.

l'Aveugle n'a de la couleur d'autres idées que celles produites par une analogie éloignée, réglées par les facultés associantes de l'esprit et conservées par la mémoire ; et en effet la plupart des Aveugles avec lesquels j'ai conversé, m'ont avoué qu'ils ignoraient entièrement les qualités de la couleur. Cette impossibilité de se former des idées n'est pas particulière au sens de la vue. Un sourd ne serait pas moins embarrassé à l'égard des qualités du son ; et il en serait de même pour les autres sens.

Néanmoins, pendant le cours de mes recherches sur cet objet, il me vint à l'esprit que les perceptions de l'Aveugle durant l'influence des songes pourraient peut-être me fournir quelque nouvelle matière à observation. Dans les heures ordinaires du silence et du repos, pendant que l'exercice de la mémoire est suspendu en grande partie, et que l'imagination entièrement libre déploie ses ressorts d'une manière particulière, j'imaginai que l'Aveugle pourrait éprouver quelques impressions passagères, relatives à des qualités visuel-

les. Il est vrai que Mr. Locke pense
» que les rêves sont formés des idées que
» l'homme a reçues pendant la veille; »
quoiqu'il avoue, » qu'elles sont pour la
» plupart étrangement combinées. » Les
impressions qui nous viennent des songes
sont en effet trop passagères pour être
susceptibles de beaucoup de recherches, et le souvenir que nous en avons
manque trop d'assurance ; néanmoins,
malgré l'opinion de ce grand philosophe,
il y a peu de personnes qui n'aient
éprouvé quelquefois pendant leurs rêves
des impressions, dont ils ne pouvaient
aucunement rendre compte ou qu'ils ne
pouvaient rapporter à aucune circonstance
précédente de la vie réelle. Quoique je
n'aie pu satisfaire entièrement ma curiosité, j'ai pourtant pris assez de renseignemens pour me convaincre, que les Aveugles reçoivent dans leurs songes des
impressions qui sont en quelque sorte
semblables aux apparences visuelles des
objets. Un aveugle avec lequel j'ai conversé dernièrement, me prouve évidem-
ment qu'il se fait quelque image de la

figure, * quoiqu'il ne puisse distinguer les variétés de la face humaine ; et ses efforts confus pour s'expliquer font connaître, qu'il éprouve quelquefois des sensations nouvelles qui ont un grand rapport à nos idées sur la lumière et sur la couleur, mais qu'il lui est impossible de décrire, parce qu'il n'a aucune idée comparative pour s'expliquer. Ces sortes de rêves sont, d'après ce que m'a dit mon ami, toujours pénibles et ils laissent des impressions extrèmement passagères et imparfaites.

Mais les Aveugles ne sont pas les seuls qui ne puissent distinguer les différens effets produits par la lumière et la cou-

---

* Il semble que l'auteur ne s'est pas exprimé ici assez clairement. Il dit, » qu'un aveugle » lui prouve evidemment, *that he is conscious* » *of the figure.* » Mais ne peut-on pas se procurer les idées sur la figure aussi bien par le sens du toucher que par celui de la vue ? Diderot semble être du même avis. Voyez sa Lettre sur les Aveugles, p. 20, dans le 11e. volume des Oeuvres Philosophiques, édition d'Amsterdam, 1772, in 8.

D 4

leur. Il y a des personnes, qui ont les organes de la vue si imparfaits qu'elles ne sont pas en état de discerner les couleurs, quoiqu'elles voient parfaitement les objets. Nous lisons dans les Transactions Philosophiques qu'un homme ne savait faire aucune différence de couleur quelconque, et parmi les personnes de notre connaissance, il y a un homme habile, autant versé dans la Perspective que dans les autres branches de la Physique, et qui néanmoins se trouve incapable de saisir la différence de certaines couleurs dont il connaît l'existence, et qui sont perceptibles pour une vue parfaite. Je crois lui avoir entendu dire, que les sensations que les couleurs du brun et du verd lui fournissent n'ont aucune différence sensible, quand elles sont répandues avec le même degré d'intensité.

Mais ces observations, quelque intéressantes et agréables qu'elles soient, n'étaient pas mon but principal, lorsque je me proposai de faire des recherches sur la Cécité. Il faut observer, que dans les esquisses relatives aux Aveugles, j'ai évité à dessein de parler de ceux qui ont possédé la vue de manière à s'en souvenir avec quelque exactitude. J'ai donné le plus de détails sur le Docteur Moyes et l'aveugle traceur de routes, parce que j'ai eu l'occasion de me faire instruire par eux-mêmes à l'égard de ces particularités, que je ne pouvais tirer du petit nombre d'auteurs qui ont écrit sur cet objet. * En exposant les progrès, et en désignant les dégrés de perfection auxquels les plus célèbres Aveugles ont porté l'usage des autres sens pour suppléer à la vue, j'étais persuadé qu'on pourrait faire des observations et des découvertes ultérieures, d'où résulteraient des avantages pour l'éducation des enfans aveugles , en

* Outre les renseignemens que je me suis procurés par occasion en conversant avec différens Aveugles que je n'ai pas nommés, j'ai des remercîmens particuliers à faire à Mr. Cheese , organiste de l'église collégiale de Manchester, pour les éclaircissemens qu'il m'a fournis dans plusieurs de mes recherches.

perfectionnant les différentes inventions déjà faites pour faciliter leur instruction et leurs progrès. Je me flattais en même tems , que ces matériaux seraient jugés assez importans , pour exciter l'attention des membres éclairés de cette Société. Les cas qui implorent impérieusement la générosité et la compassion des hommes , ne sont que trop fréquens ; et quoique nos talens parviennent rarement à la perfection divine qui *donne la vue aux aveugles* , nous éprouverons toujours ce plaisir intérieur qui naît de la bienveillance , en contribuant à leur instruction , à leur aisance et à leur félicité.

II.

ESSAI

SUR DES CARACTÈRES

IMPRIMÉS ET ÉCRITS

A L'USAGE DES AVEUGLES;

TRADUIT DU TEUTONIQUE

Et

AUGMENTÉ PAR L'AUTEUR.

L E traité intéressant sur la Cécité par Mr. Bew m'a donné l'occasion de former un projet, dont l'exécution contribuerait sans doute au bonheur de ceux qui sont malheureusement privés de la vue, et faciliterait en particulier leur instruction et leur étude. Peut-être plusieurs personnes ont-elles déjà eu la même idée; mais

puisqu'elle n'a pas encore été exécutée, *
il ne sera pas inutile de la communiquer ici.

Nos caractères imprimés ordinaires sont,
je pense, entièrement inutiles à l'usage
des Aveugles, parce qu'ils ne sont perceptibles que par ce sens même qui leur
manque; et je ne crois pas qu'un Aveugles soit jamais en état de lire ces caractères couramment. Mais c'est une chose
reconnue que presque tous les Aveugles
peuvent fort bien distinguer les différentes
monnaies en les palpant. Je ne doute
donc pas, qu'ils ne soient également en
état de distinguer sans peine des lettres
saillantes comme l'empreinte de l'argent,
et qu'ils ne puissent après quelque tems
d'exercice reconnaître des mots composés
de ces lettres, de sorte qu'ils apprendraient
peu à peu à lire couramment des pages entières. Je crois même qu'un enfant aveugle

---

* Cet Essai a été écrit au commencement de
l'an 1794 et publié la même année. L'auteur
étudiant alors à Jéna dans la principauté de
Saxe-Weimar n'avait aucune connaissance ni
de l'Essai sur l'Institution des Aveugles par Mr.
Haüy, ni de l'Institut des Aveugles à Paris.

apprendrait à lire une impression ou écriture saillante, au moyen du toucher dans le même espace de tems , qu'un autre enfant apprend à lire l'impression commune par l'usage des yeux. On ne peut donc guère douter , que les Aveugles ne soient en état de se servir des caractères saillans d'une manière utile et aisée.

Mais la question principale serait , de faire les caractères saillans de manière qu'ils ne fussent pas trop chers et qu'ils fussent pourtant assez parfaits et durables, pour s'en servir d'une manière utile. Dans le cas d'une trop grande cherté peu d'Aveugles seraient en état de s'en procurer , par-là même on ne pourrait imprimer des ouvrages entiers avec ces caractères, et alors le but principal serait totalement manqué. La typographie serait peut-être le meilleur moyen de satisfaire nos intentions , et je crois qu'on pourrait imprimer les lettres saillantes à peu près comme les lettres communes ; mais il faudrait faire quelques changemens à l'égard des types (caractères d'imprimerie ,) du papier , de la couche et de la composition.

Les types, le papier et la couche devraient être disposés de manière, que les impressions, qui se font dans le papier, fussent profondes, nettes et solides, et que les élévations de l'autre côté du papier présentassent les lettres désirées. Il ne faudrait donc pas mettre les types, comme on le fait ordinairement, de droite à gauche, mais comme en écrivant de gauche à droite.

Quand pour la première fois je méditai sur l'impression en caractères saillans, je crus qn'on ne pourrait y employer qu'un seul côté du papier; mais je trouvai bientôt qu'on pourrait se servir des deux, de sorte que les lettres saillantes en deviendraient plus parfaites et plus faciles à lire. Car on peut faire un arrangement tel, que les lignes d'un côté s'interposent avec celles de l'autre, et que non seulement les lettres, mais aussi les lignes ou la partie du papier occupée par les lignes forment des élevations. Il me paraît superflu de démontrer, que par une telle disposition on faciliterait beaucoup à l'Aveugle l'usage de ces caractères.

Au commencement cette impression

serait sans doute assez coûteuse, et à cause de la qualité particulière du papier qu'il faudrait y employer, elle resterait peut-être toujours plus chère que notre impression ordinaire; mais ne pourrait-on pas trouver un papier ou une autre matière qui convînt à l'impression en relief et ne fût pourtant pas fort dispendieuse. Nos relieurs (en Teutonie) rendent le papier ordinaire d'impression plus solide en trempant les feuilles imprimées dans une solution de colle. Ne pourrait-on pas aussi rendre plus solide l'impression saillante sur un papier moins cher par une opération semblable, par exemple en trempant le papier quelque tems avant l'impression dans une solution de colle, de manière que les caractères s'imprimassent sur le papier encore mouillé, qui en séchant deviendrait plus solide et présenterait des caractères assez durables pour ne pas s'effacer aisément ? *

* Dans l'Institut des Aveugles à Paris on colle dos à dos, par les extrémités, les pages d'une feuille en sortant de la presse. Il me

Je crois qu'un homme entreprenant risquerait peu d'essayer , cependant avec quelque précaution , de donner en caractères saillans une collection d'ouvrages choisis *à l'usage des Aveugles*. Que ne donneraient pas ces Aveugles, qui aiment les sciences et qui ont de la fortune , pour pouvoir lire et étudier eux-mêmes les meilleurs auteurs ! Et les livres en caractères saillans seraient un bienfait non seulement pour l'Aveugle , mais aussi pour le savant, qui a la vue si affaiblie ou si viciée qu'il ne peut plus s'en servir sans éprouver des douleurs ou sans risquer même de la perdre entièrement. Tombé dans un tel état il s'adonnerait volontiers à l'étude de l'impression

semble que cela consolide non seulement le papier, mais aussi l'imprimé , et qu'on raffermirait encore mieux ce dernier , en collant dos à dos les pages d'une feuille non seulement par les bords , mais en entier et en remplissant ainsi les concavités des lettres saillantes de colle ou si l'on peut d'une autre matière plus convenable.

saillante.

saillante. La lecture, par le toucher, des caractères saillans serait aussi un excellent moyen de perfectionner ce sens si important pour plusieurs états, principalement pour celui du médecin, du chirurgien, de l'accoucheur, des sages-femmes et de quelques négocians et fabricans. Je proposerais d'apprendre à lire de la sorte non seulement aux enfans qui ont la vue faible ou viciée, mais aussi à tous ceux qui seraient un jour dans le cas d'embrasser un des états que je viens de nommer. Pour faciliter et favoriser cet exercice il serait utile d'y employer l'obscurité et le crépuscule, ou de bander les yeux aux enfans et de leur procurer par-là en quelque sorte les avantages des Aveugles qui ont le tact plus fin et qui étudient avec plus d'attention, parcequ'ils n'éprouvent pas ces impressions des objets visibles, qui distraient sans cesse ceux qui voient.

Il y a donc tout lieu de croire que celui qui fournirait l'alphabet et une ou quelques feuilles en caractères saillans, n'éprouverait aucune perte pour le premier

E

essai. Non seulement les Aveugles, mais aussi d'autres amateurs s'en procureraient; et l'entrepreneur serait sans doute assez encouragé, pour ne point s'en tenir à ce premier essai.

Un de mes amis, *Jacques Schmitz*, *

---

* Qu'il me soit permis, d'ériger ici un faible monument à mon ami, que je regrette encore. Il nâquit à la fin de l'an 1773 à Lippstadt, où il donnait de grandes espérances par ses talens et l'ardeur avec laquelle il s'appliquait aux sciences. Dans le mois d'octobre de 1790 il se rendit à Jéna, pour y étudier la Médecine. Il s'adonna avec une telle assiduité à l'étude de cet art et de quelques sciences philosophiques, qu'il tomba bientôt dans une profonde hypochondrie, qui dans le deuxième sémestre augmenta au point, qu'il fut obligé de se rendre au sein de sa famille, pour y rétablir sa santé. Un an après il retourna à la même université pour continuer ses études. L'air natal, ou plutôt le changement salutaire de sa manière de vivre et les soins de sa famille semblaient l'avoir guéri de sa maladie; mais après quelques semaines d'une vie sédentaire les symptômes se renouvellèrent. Ce fut en vain que je lui conseillai de quitter l'uni-

le premier auquel je communiquai mes idées sur l'impression saillante à l'usage

versité, pour rétablir sa santé. -- A la fin de l'an 1794, il fut attaqué d'un catharre, qui se termina par un état de langueur et de phthisie muqueuse. Rendu à son pays il succomba à cette maladie malgré tous les soins de sa famille et les efforts d'un médecin habile. C'est ainsi qu'il termina, dans les premiers mois de l'an 1795, une carrière qu'il avait commencée avec tant de succès. Ses talens éminens, son ardeur à les développer et à se rendre utile à ses amis et à l'humanité, justifiaient la profonde douleur de son père, de ses parens et de tous ceux qui le regrettent.

Je suis persuadé, que nos connaissances actuelles de l'économie animale et des maladies de l'homme seraient encore plus utiles à la société, si tous les médecins, chacun dans son cercle, les employaient pour prévenir les maladies et prolonger de cette manière la santé et la vie des hommes. Il me semble que cette attention est encore plus indispensable à l'égard de nos infortunés semblables, qui sont privés de la vue et conséquemment de plusieurs plaisirs et occupations salutaires. Ne pourrait-on pas imaginer quelques jeux des Aveugles, croit que des types creux ou concaves rempliraient mieux le but que les convexes. Voici les raisons, pour lesquelles il préfère les premiers.

1°. » Les types en relief ne donneront » pas une impression aussi exacte et aussi » pure que les creusés; »

2°. » L'impression faite avec des types » saillans ne sera pas si solide; »

3°. » Elle sera plus grossière, formera » un relief moins net, et sera par consé-

et quelques occupations, qui leur fissent plaisir en exerçant également l'esprit et le corps ?

Je me souviens à cette occassion d'un problême, digne de l''attention de tous les médecins et philosophes, que le professeur Pinel dans sa Nosographie philosophique a ainsi conçu : » *Quels sont les moyens les plus propres de développer ses talens et son aptitude naturelle pour les sciences, sans nuire à sa santé et sans contracter des maladies ?* » Une foule d'exemples, semblables à celui de mon ami, ont prouvé qu'une assiduité excessive, qu'une vie sédentaire sont le plus sûr moyen de manquer son but.

» quent d'un transport plus difficile que
» l'impression formée par des types
» creux. »

Les remarques de mon ami me paraissent bien fondées, et je conviens que les types creusés fourniraient une impression mieux tranchée, plus solide et plus aisée à transporter. Je n'y trouverais aucun inconvénient à moins que ce ne fût celui d'une plus grande dépense pour monter une imprimerie en types creux que pour en monter une en types saillans ; ce qui serait contraire à la première condition, qui est de faire en sorte que l'impression saillante ne soit pas trop dispendieuse. *

Mais si on voulait employer des caractères d'imprimerie creusés, on pourrait combiner d'une manière avantageuse la

* Il me semble que les types creux que mon ami avait proposés pour en faire l'impression saillante, méritent la préférence à tout égard, et que même cet inconvénient que j'ai fait remarquer a cessé d'en être un après l'invention des stéréotypes.

E 3

fabrication du papier ou de la matière convenable avec l'impression, et éviter par-là les formes particulières * pour le papier et une partie du travail, c'est-à-dire économiser du tems et des frais.

Pour avoir des imprimés peu volumineux à l'usage des Aveugles, on pourrait employer des caractères d'imprimerie convexes pour en faire des lettres qui formeraient des concavités dans le papier. ** Mais je ne sais trop, si les Aveugles seraient en état de distinguer ces lettres aussi facilement que les convexes. Cette

* Je ne crois plus maintenant qu'on puisse épargner d'une manière avantageuse les formes particulières pour le papier. Mais on pourrait coller ce dernier tout de suite plus fort qu'on ne le fait ordinairement, et faire l'impression pendant que le papier serait encore mouillé. On épargnerait de cette manière la peine de le mouiller et de le sécher une seconde fois.

** Il me semble que la nouvelle invention des stéréotypes faciliterait beaucoup cette manière d'imprimer.

manière d'imprimer avec des caractères convexes, qui seraient disposés de droite à gauche, aurait encore le grand avantage, qu'on pourrait s'en servir, même sans en changer la disposition, pour faire des impressions ordinaires. Il me paraît presque superflu, d'observer qu'il faudrait que dans l'impression concave les lignes des deux côtés du papier s'interposassent.

Mais il ne suffira pas à l'Aveugle, sur-tout s'il est homme de lettres, de pouvoir lire. Quand il aura enrichi son entendemeut et sa mémoire d'une foule de connaissances, il sentira bientôt le besoin d'un moyen qui lui facilite la conservation de ses idées. Je doute qu'on puisse imaginer pour ce dernier but un moyen préférable à l'art d'écrire si général et si connu. Ce serait donc un grand avantage, un vrai bienfait pour l'Aveugle, s'il pouvait aussi faire usage de cet art divin ! Qu'il me soit permis de communiquer aussi quelques idées à cet égard.

Ne pourrait-on pas fabriquer un papier qui, ayant une force convenable, fût pourtant assez mou et assez mince, pour recevoir les impressions d'un poinçon, de sorte qu'il se formât de l'autre côté des caractères distincts ? Si l'on peut satisfaire à cette demande, il sera facile d'apprendre à l'Aveugle l'art d'écrire, de manière qu'il puisse non seulement conserver ses idées pour lui-même, mais aussi les communiquer aux autres.

Qu'on écrive l'une après l'autre avec le poinçon, les lettres de l'alphabet grandes et distinctes sur le papier convenable, et qu'on les donne à l'aveugle, pour qu'il se familiarise avec les traits des lettres par le tact. Qu'on lui apprenne alors à écrire avec le poinçon, en lui conduisant la main. * Aussi-tôt ou même avant que l'aveugle sache écrire, il faut qu'il se familiarise avec les lettres de l'al-

* Dans l'Institut des Aveugles à Paris on se sert d'une autre méthode qui me semble mériter la préférence ; on accoutume les élèves à suivre avec une pointe, des caractères rangés en forme de lignes, et on dirige la marche de cette pointe à l'aide de lettres creusées dans quelque métal.

phabet écrites en gros caractères, d'une telle manière qu'il puisse les connaître promptement à leur convexité et par conséquent à leur revers. Que l'aveugle ne s'attache à lire promptement ce qu'il a écrit lui-même que lorsqu'il saura faire des lettres bien formées et correctes.

On faciliterait beaucoup à l'Aveugle l'écriture et la lecture des manuscrits en caractères saillans au moyen d'un papier qui présenterait des cannelures égales, (Rinnen und erhabene Streifen) qui s'interposeraient de manière, que les concavités d'un côté formassent les convexités de l'autre et réciproquement. * On

* La meilleure dénomination française pour ce papier serait peut-être celle de *cannelé*. --- Dans l'Institut des Aveugles à Paris on se sert d'un autre moyen pour arriver au même but, comme on le verra par le passage suivant de l'ouvrage du C^{en}. Haüy. » Enfin lorsque » l'élève aveugle a acquis l'habitude des formes, » il ne lui reste plus pour écrire droit, qu'à » mettre sur son papier un chassis, garni » intérieurement de plusieurs cordonnets paral-

employerait alors les deux côtés du papier à l'écriture comme à l'impression en caractères saillans. Il me paraît presque superflu de dire, qu'il faut que le papier porte sur une couche molle. Un cuir pourvu de cette qualité remplirait peut-être le mieux ce but.

Pour communiquer ses idées à des personnes clairvoyantes par des lettres et d'autres écrits, l'Aveugle pourrait se servir facilement de plume et d'encre. * Mais

» lèles à la direction de l'écriture, et distans » entre-eux d'environ 9 lignes pied de Roi. » Ces parallèles servent à diriger la main de » l'aveugle dans le tems où il la transporte de » gauche à droite pour tracer ses caractères. » Chapitre VII. De l'Écriture, page 65, édit. première de l'an 1786.

* Le Duc de la ROCHEFOUCAULD, dans le Rapport avantageux de l'Académie des Sciences sur l'ouvrage du C[en]. Haüy, dit » qu'il serait à désirer que les chimistes s'occupassent de trouver une encre qui conservât du relief en se séchant. » Sans doute une telle encre aurait de grands avantages pour les Aveugles

comme il ne pourrait s'appercevoir quand la plume n'en contiendrait plus, il faudrait remédier à cet inconvénient par des plumes artificielles faites de manière, que l'encre qu'elles renferment s'écoule à mesure qu'on écrit.

Je ne doute pas que l'écriture, ainsi que la lecture des imprimés et des écrits, serait plus facile pour les Aveugles, si les caractères étaient plus simples et plus distincts l'un de l'autre que ceux de l'impression et de l'écriture ordinaires. Plus les caractères seraient simples, moins les ouvrages imprimés à leur usage seraient dispendieux. Je doute néanmoins qu'il soit avantageux de les changer,

et pour ceux qui correspondent avec eux par écrit. Peut-être pourrait-on même employer cette encre à l'impression des caractères en relief sur papier commun. Il faudrait alors employer des formes ou caractères d'imprimerie creusés, pour les remplir de cette encre, et il ne serait pas difficile d'empêcher l'attraction entre les formes et l'encre, et de la favoriser au contraire entre celle-ci et le papier.

c'est-à-dire que les avantages fournis par des caractères plus simples surpassent les inconvéniens qui en résulteraient.

Serait-il avantageux de faire usage de la pasigraphie et des signes pasigraphiques pour imprimer des ouvrages à l'usage des Aveugles de tous les pays ?

III.

DESCRIPTION

D'UNE ÉCRITOIRE DE POCHE

A L'USAGE

DES AVEUGLES

ET DE CEUX QUI VOIENT.

IL semble que cette sorte de plumes artificielles dont j'ai parlé dans le Mémoire précédent, est très peu connue en France et même en Teutonie, quoique M^r. *Nicolai* de Berlin en ait donné une description dans le premier volume de ses *Voyages en Teutonie et en Helvetie.* *

* Beschreibung einer Reise durch Deutschland und die Schweitz.

L'auteur de ces Voyages assure qu'il s'est servi de cette plume artificielle d'une manière très avantageuse pour écrire une grande partie de son journal. Je puis assurer la même chose d'une plume ou plutôt d'une écritoire que j'ai fait faire d'après Mr. Nicolaï, écritoire modifiée néanmoins de manière qu'elle offrait de plus un crayon. Je la perdis en Autriche et je la regrettai d'autant plus que je n'en trouvai pas de semblables ni dans le midi de la Teutonie ni dans l'Helvetie. J'en vais donner la description d'après une autre que j'ai fait faire à Paris.

Cette écritoire est composée de quatre pièces principales, comme on peut voir Planche 2. La pièce marquée III est un encrier à deux ouvertures, dont l'une fermée par le bouchon g sert à recevoir l'encre; l'autre moins considérable et opposée à la première communique avec la plume k, de manière que l'encre coule de l'encrier dans cette plume qu'on peut oter facilement lorsqu'elle est usée, et qu'on remplace alors par une autre. Les deux vis i et h servent à y joindre les pièces II et IV , dont la première a deux cavités cylindriques. La cavité *f* sert à recevoir et à couvrir le bouchon *g*, l'autre marquée *e*, à recevoir le crayon *d* qui est inséré dans la pièce I de la même manière que la plume dans la pièce III. Les deux vis de la pièce I servent à la joindre à la pièce II. La vis *c* sert à faire entrer le crayon pour le couvrir, et la vis *b* pour le fixer dans un sens opposé, lorsqu'on veut s'en servir. Cette même vis sert aussi à joindre la pièce IV à celle marquée I, et il faut que toute cette dernière pièce soit percée jusque dans le crayon, pour recevoir le fil de fer ou d'argent *l m*. La pièce IV sert non seulement à couvrir la plume , mais aussi à en allonger le manche, alors composé de toutes les pièces de l'écritoire , la dernière pièce ayant été mise sur la première. Le fil de fer *l m* sert à fermer le petit trou par lequel l'encre coule dans la plume et à empêcher qu'il ne soit bouché. Il faut que ce fil soit doré ou étamé, ou qu'il soit fait en entier d'un métal qui ne se rouille pas.

Le Lecteur conçoit sans doute par cette description et par la gravure, qu'il faut que toutes les pièces de l'écritoire soient faites avec la plus grande exactitude. Si le petit trou, au moyen duquel l'encrier communique avec la plume, était trop large ou trop étroit, l'encre coulerait en trop grande quantité, ou trop difficilement, ou point du tout. On peut remédier en quelque sorte à un tel défaut par une encre plus ou moins épaisse. Une goutte d'eau, qu'on peut mettre dans la plume et faire couler jusqu'au petit trou, favorise aussi l'écoulement de l'encre dans la plume, et sert en même tems à resoudre celle qui pourrait y être desséchée. Une petite secousse donnée à l'écritoire favorise pareillement l'écoulement de l'encre. Si la plume n'entrait pas assez dans la pièce III, elle ne tiendrait pas et tomberait lorsqu'on voudrait s'en servir. Si dans cette même pièce la petite cavité qui reçoit la plume, n'était pas arrondie au fond, le fil s'arrêterait et n'entrerait pas bien dans le petit trou qu'il doit fermer. Si le grand trou de l'encrier n'était pas assez

large ,

large, on aurait peine à y mettre de
l'encre. Si les deux vis *i* et *b* n'étaient
pas de la même grosseur, ou si la pièce
I n'était pas percée, l'on n'y pourrait
pas mettre la pièce IV. Il faut même
que cette pièce soit percée de manière que
le fil entre avec la plus grande facilité.,
parce que j'ai remarqué que cette petite
cavité qui reçoit le fil, devient ensuite
plus étroite, soit par l'humidité qu'il
y porte, par la poussière, ou par les
deux causes réunies. Enfin il faut avoir
soin que toutes les pièces, quoique très
minces en quelques endroits, soient pourtant assez solides pour ne pas se casser
facilement. Les anneaux qui se trouvent
à quelques pièces sont moins pour l'orne-
ment que pour les rendre plus solides.
Ceux de la pièce I servent à la saisir et
à la détacher plus facilement de la pièce
II. Ces anneaux qui d'abord pourraient
être regardés comme une chose indiffé-
rente, sont une amélioration essentielle
qu'on doit au C^en. *Schnitker*, facteur
d'instrumens de musique, qui a eu la
complaisance de me faire mon écritoire.

F

Les avantages que cette écritoire de poche a sur celle de M^r. Nicolai, consistent en ce que la forme en est plus agréable et plus commode, qu'elle est pourvue d'un crayon, que la pièce qui couvre la plume peut servir à en allonger le manche et que par conséquent on ne risque pas de perdre cette pièce, lorsqu'on se sert de la plume.

Si l'on fesait une telle écritoire à l'usage des Avengles, il faudrait avoir le plus grand soin, que le petit trou par lequel l'encre coule dans la plume ait une juste largeur, et que l'encre même ait une épaisseur convenable, pour qu'elle coule toujours également. Le meilleur moyen d'atteindre ce but, serait peut-être de faire le petit trou plus large et de mettre au dessus une éponge dans l'encrier. Je ne doute pas même que quelques Aveugles n'eussent le tact assez fin pour reconnaître au moyen de ce sens délicat, si la plume contient encore de l'encre ou non, de même qu'un chirurgien habile reconnaît au moyen d'une sonde l'état d'une plaie pénétrante, sans se servir de la vue ou sans y appliquer immédiatement les doigts.

Ces Aveugles se serviraient alors de l'écritoire de poche aussi bien que ceux qui voient, et lui donneraient comme les derniers une petite secousse , si l'encre ne coulait pas bien. Ceux qui n'auraient pas le tact aussi fin, seraient obligés d'examiner de tems en tems de la main gauhe, si la plume contient encore de l'encre. Au lieu d'un crayon ordinaire il faudrait mettre dans l'écritoire destinée à l'usage d'un Aveugle une sorte de poinçon ou de crayon propre à faire des traits colorés et à former en même tems dans le papier des impressions assez profondes pour être distinguées à leur revers convexe.

Les principaux avantages que cette écritoire a sur les ordinaires consistent en ce qu'on a la plume, l'encrier et le crayon sous une forme très peu volumineuse et très propre à être portée sans inconvénient dans la poche ou dans un porte-feuille ; qu'elle est assez solide pour ne pas se casser facilement ; et que la partie qui sert à faire les traits, c'est-à-dire la plume, ne diffère pas des autres plumes. Par ces derniers avantages l'écritoire portative paraît mériter aussi la préférence sur les *plumes sans fin* faites de verre qui se vendent depuis quelque tems à Paris, et dans lesquelles la partie qui sert à faire les traits est également de verre.

L'écritoire portative que j'ai représentée sur la gravure est faite de corne noire qui est régardée comme la plus solide. Je conseille de n'y pas employer l'ivoire ou la corne blanche, parceque l'encre dans la pièce III et même les taches d'encre auxquelles l'écritoire est très exposée, donneraient un mauvais coup-d'œil. Si l'on souhaitait une telle écritoire encore moins volumineuse, il faudrait la faire faire d'argent ou d'un autre métal convenable.

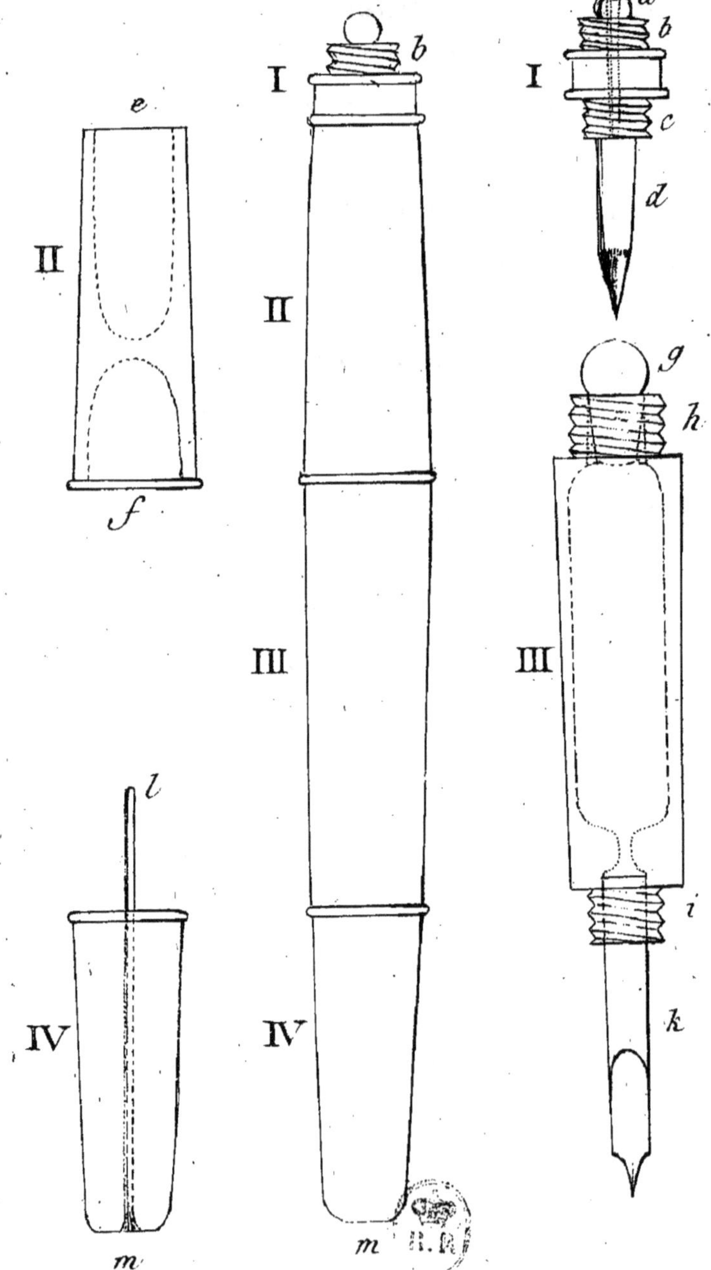
e
f
l
m
I
II
III
IV
a
b
c
d
g
h
i
k
m

IV.

DES MOYENS

DE CONVERSER

AVEC LES AVEUGLES

DEVENUS SOURDS,

ET AVEC LES SOURDS

DEVENUS AVEUGLES.

Un Sourd presque muet, (le Citoyen Loudesche) que le C^en. *Haüy*, Instituteur des Aveugles n'a instruit, qu'au défaut des Instituteurs de Sourds-Muets, ce Sourd, dis-je, qui est le Prote de l'Imprimerie des Aveugles-Travailleurs ; me témoigna l'intérêt qu'il prenait à un passage où je dis que ce serait une grande consolation pour le Sourd, de savoir lire une impression et une écriture à l'aide du toucher, et qu'une précaution sage exigerait d'apprendre aux Aveugles et aux Sourds des signes, pour converser entr'eux et avec d'autres personnes à l'aide du toucher seul. Je regrettais de n'avoir pas la facilité de m'entretenir avec ce Citoyen. Néanmoins la conversation imparfaite que j'ai eue avec lui m'a engagé à méditer ultérieurement sur cet objet que je n'ai fait qu'indiquer dans la préface.

Il me semble qu'on peut s'entretenir au moyen des signes *palpables* d'une manière assez parfaite et peut-être aussi exacte qu'au moyen des signes *visibles* ou *oratoires*. * Je vais tâcher d'exposer en peu de mots mes idées sur cet objet. Les caractères de l'impression et de l'écriture ordinaires, les figures télégraphiques etc. sont des signes *visibles* de lettres, de mots ou de phrases entières. On

---

* Pour m'exprimer d'une manière plus exacte j'aurais dit » au moyen des signes visibles ou *auditibles* (en teutonique *hœrbar*,) » si ce dernier mot était en usage ; car les signes que je voudrais appeler *auditibles* ne sont pas toujours *oratoires*.

pourrait se passer de ces signes, en leur en substituant de *palpables*, au moyen desquels on s'entretiendrait d'une manière analogue. Plus ces derniers signes seraient simples et faciles, plus cette sorte de conversation deviendrait parfaite et aisée. D'après les différens caractères attribués à nos sens par DIDEROT, on pourrait même espérer qu'une conversation bâsée sur des signes *palpables* serait plus exacte que celle qui se fait au moyen de signes *visibles* ou *oratoires*. Il dit avoir trouvé, » que de tous les sens l'œil est le plus superficiel, l'oreille le plus orgueilleux, l'odorat le plus voluptueux, le goût le plus superstitieux et le plus inconstant, le toucher le plus profond et le plus philosophe. » *

Il est sans doute très rare, qu'un Aveugle devenu sourd, ou qu'un Sourd devenu aveugle soit dans le cas de converser avec une personne privée des mêmes sens que lui. C'est pourquoi les

* OEuvres philosophiques de Diderot, Tom. II. Amsterdam 1772. in 8. Lettre sur les Sourds et Muets, p. 8.

signes palpables que je vais proposer sont plutôt adaptés à l'usage de deux personnes dont une seule serait privée de la vue et de l'ouie, qu'à celui de deux personnes privées l'une et l'autre de ces sens. Je n'ai choisi que des signes qu'on pourrait faire au moyen d'une seule main.

Les phalangettes * ou les extrémités des cinq doigts d'une main touchées par le bout d'un doigt de cette même main ou de l'autre pourraient désigner les voyelles *a*, *e*, *i*, *o*, *u*, de manière que la phalangette du pouce représenterait l'*a*, celle du doigt indicateur l'*e*, etc. On se passerait

---

* Je me sers ici de la terminologie anatomique du C^en. CHAUSSIER, membre de l'Institut National. Convaincu que cette nouvelle nomenclature a de grands avantages sur l'ancienne, je me suis proposé d'en publier une traduction latine qui paraîtra bientôt sous le Titre : *Nova ac methodica nomenclatura anatomica, cum præfatione civis FRANK CHAUSSIER.* Pour faciliter non seulement à mes compatriotes l'étude de la nomenclature méthodique, mais encore aux médecins étrangers celle de nos ouvrages, j'ai ajouté les noms latins et teutoniques en usage.

volontiers d'un signe particulier pour l'*y*
qui dans la langue française exprime ou
le même son que l'*i*, ou celui de deux *ii*. *

Les articulations des phalangettes avec
la phalange du pouce et les phalangines
des autres doigts, ** touchées par le bout
d'un doigt de la même main, ou de l'autre
désigneraient les voyelles avec l'accent
long ou circonflexe (˄), â, ê, î, ô, û.

Les articulations de la phalange du
pouce avec son os métacarpe, et des
phalangines des autres doigts avec leurs
phalanges, touchées par le bout d'un
doigt de la même main ou de l'autre
indiqueraieut les voyelles avec l'accent
ouvert ou grave (˅), à, è, ì, ò, ù.

Les articulations de l'os métacarpe du
pouce avec le carpe de la main, et des
phalanges des autres doigts avec leurs os
métacarpes désigneraient les voyelles avec

* V. Principes de la langue française, par
WAILLY, édition de Liège, 1787, p. 446.

** Les doigts sont composés de trois os
distingués sous le nom de phalange, phalangine et phalangette ; excepté le pouce qui n'a
que la phalange et la phalangette.

l'accent fermé ou aigu (´), á , é , í , ó , ú.
En mettant , d'après la proposition du C^{en}.
Wailly , * l'accent fermé au lieu du tréma (··), on pourrait se passer de ce dernier.

L'Aveugle-Sourd indiquerait l'apostrophe ('), lorsqu'elle marque un *a* supprimé, en montrant à celui qui voit , le pouce courbé. Le Clairvoyant au contraire indiquerait à l'Aveugle - Sourd la suppression d'un *a* , en saisissant et fléchissant le pouce de ce dernier.

Le doigt indicateur courbé marquerait la suppression d'un *e* , et le doigt du milieu courbé celle d'un *i*.

Pour avoir les consonnes on pourrait choisir les parties de notre corps dont les noms commencent par ces mêmes lettres , en indiquant celles qu'on ne pourrait pas bien désigner de cette manière , par la phalange du pouce et par les phalangines des autres doigts. *B* par exemple serait indiqué par l'avant-*bras* touché par un ou quelques doigts, *c* par le crane en touchant la tête, *ç* par

* Principes de la Langue française , p. 477.

les *cheveux* en les saisissant, *d* par les *dents* en mettant un doigt à côté du nez sur la lèvre supérieure, *f* par le *front*, *g* par le *genou*, *h* par le *humerus* ou la partie supérieure du bras, *j* par la *joue*, *k* par la phalange du pouce, *l* par la *lèvre* inférieure, en mettant le doigt dans l'excavation entre la bouche et le menton, *m* par le *menton*, en mettant un doigt dessous, *n* par le nez, *p* par la *paume* de la main, *q* par la phalangine du doigt indicateur, *r* par celle du doigt du milieu, *s* par un des *sourcils*, *t* par la *tempe*, *v* par le *ventre*, *x* par la phalangine du doigt annulaire, *z* par celle du petit doigt. Si l'on ne voulait pas se passer de l'*y*, on pourrait l'indiquer, au moins dans quelques cas, par un des *yeux*.

Pour désigner les *chiffres*, celui qui est privé de la vue et de l'ouie alongerait un ou plusieurs doigts en parlant à celui qui voit, et ce dernier parlant lui-même saisirait un ou plusieurs doigts du premier.

En supposant la main fermée, il suffirait d'alonger le pouce pour indiquer le chiffre *1*; le doigt indicateur, pour désigner le 2 ; et ainsi de suite. Le pouce et le doigt indicateur alongés indiqueraient le 6 ; le doigt indicateur et le doigt du milieu alongés désigneraient le 7, etc. Enfin le zéro o s'indiquerait par le pouce, le doigt indicateur et le doigt du milieu alongés. J'observe pour la seconde fois que celui qui voit, au lieu d'alonger ses doigts, saisirait ceux de l'Aveugle-Sourd.

Pour exprimer qu'un mot ou un nombre est terminé, l'Aveugle devenu sourd ou le Sourd devenu aveugle passerait la paume d'une de ses mains sur l'autre ; le Clairvoyant au contraire, pour indiquer la même chose, passerait sa main sur celle de l'autre personne. L'Aveugle-sourd n'ayant qu'une seule main pourrait faire ce signe en passant la paume de cette main sur quelqu'autre partie de son corps. On pourrait imiter le trait d'union (-) de l'impression et de l'écriture ordinaires, en fesant un trait avec un doigt d'une main dans la paume de l'autre, ou sur quelque autre partie du corps.

Il me semble qu'on pourrait se passer de signes de ponctuation aussi-bien que dans la conversation qui se fait au moyen des organes de la voix et du sens de l'ouïe. » La ponctuation, dit Wailly, * est la manière de marquer, dans l'écriture et dans l'impression, les endroits d'un discours où l'on doit s'arrêter, pour en distinguer plus facilement les parties, ou pour reprendre haleine. » Ainsi en s'arrêtant dans la conversation faite au moyen des signes palpables, on indiquerait par le fait même les différentes parties du discours.

Je crois que les signes palpables sont le moyen le plus convenable et le plus exact pour converser avec les Aveugles devenus Sourds et avec les Sourds devenus aveugles, et que les signes pris des sens du goût et de l'odorat seraient, sinon impossibles, du moins très imparfaits et peu exacts. Il est presque superflu de faire remarquer qu'il faudrait que les Aveugles et les Sourds apprissent les signes palpables, avant d'avoir perdu entièrement l'ouïe et la vue. Qui ne

L. c. page 483.

voudrait pas employer quelques jours de sa vie, pour prévenir le malheur d'être entièrement privé du plaisir de converser. Il me semble que les moyens de s'entretenir avec des personnes devenues aveugles et sourdes, mériteraient l'attention de tout homme sensible et particulièrement des médecins. Ces derniers, ne pouvant conserver ou rétablir la vue ou l'ouïe de leurs malades, pourraient au moins les consoler de la perte de deux sens précieux. J'espère même que les signes palpables, que je viens d'exposer seront rendus plus parfaits par les efforts de quelques personnes éclairées. Peut-être pourrait-on par exemple indiquer à la fois deux ou plusieurs lettres par un seul signe, pour accélérer la marche de la conversation. On designerait de cette manière *o u*, en touchant les phalangettes du doigt annulaire et du petit doigt à la fois, *p o i* par la poitrine etc.

Pour faire une récapitulation des signes palpables et les rendre faciles à appercevoir, je les mettrai ici dans un ordre plus convenable.

TABLE DES CARACTÈRES

POUR CONVERSER

AVEC LES AVEUGLES-SOURDS.

LES VOYELLES.

a   e   i   o   u

Sont indiqués par les phalangettes du pouce et des autres doigts.

â   ê   î   ô   û

Sont indiqués par les articulations des phalangettes avec la phalange du pouce et avec les phalangines des autres doigts.

à   è   ì   ò   ù

Sont indiqués par les articulations de la phalange du pouce avec son os métacarpe, et des phalangines des autres doigts avec leurs phalanges.

á   é   í   ó   ú

Sont indiqués par les articulations de l'os métacarpe du pouce avec le carpe de la main, et des phalanges des autres doigts avec leurs os métacarpes.

Le pouce courbé } ' désignant un *a* supprimé.

Le doigt indica- } ' désignaut un *e* supprimé.
teur courbé   }

Le doigt du milieu courbé } , désignant un *i* supprimé.

LES CONSONNES.

b   c   ç   d   f   g

bras, crane, cheveux, dent, front, genou,

h   j   k   l   m   n

humerus, joue, lèvre, menton, nez,

p   r   s   t   v   x   z

paume, sourcil, tempe, ventre.

Phalange du pouce et phalangines des 4 doigts } k q r x z

LES CHIFFRES.

Le pouce ou l'un des doigts alongés suc-cessivement. } 1 2 3 4 5

Le pouce et le doigt indicateur alongés, et les autres pliés. } 6

Le doigt indicateur et celui du milieu alongés, et les autres pliés. } 7

Le doigt du milieu et l'annulaire alongés, et les autres pliés. }

Le doigt annulaire et le petit doigt alongés, et les autres pliés. } 9

Le pouce, le doigt indicateur et celui du milieu alongés, et les autres pliés. } o

ODE

V.

O D E

SUR L'INSTITUTION

D E S

ENFANS - AVEUGLES,

Par

Le Citoyen Huard, Aveugle,

Avec

La Traduction Teutonique.

G

ODE

SUR L'INSTITUTION DES AVEUGLES,

PAR UN AVEUGLE.

Descends des cieux, donce Harmonie,
Et viens te placer dans mes vers ;
Accours, et soutiens mon génie,
Pour former d'innocens concerts.
Aimable Dieu de la Lumière,
Guide mes pas dans la carrière
Qui conduit au sacré Vallon ;
Daigne m'en applanir la route.
Ma muse, hélas ! ne voyant goutte,
Tremble en approchant l'Hélicon.

Le sort condamnait notre vie
A la stérile oisiveté ;
Mais la bienfaisante Industrie
Nous rend à la société :
Les différens travaux utiles,
Qu'elle sait nous rendre faciles,
Désormais vont nous soulager.
Nous renaissons à l'espérance ;
Et notre pénible existence
Devient un fardeau plus léger.

ODE

EINES BLINDEN

UEBER DEN UNTERRICHT DER BLINDEN.

STEIGE herab vom Himmel, süsse Harmonie, und unterstütze meine Muse, unschuldige Gesænge zu singen. Und Du, Gott des Lichts, ebene mir die Bahn und leite meine Schritte auf dem Wege zum geheiligten Thale; meine Muse, des Gesichts beraubt, zittert, indem sie sich dem Helikon næhert.

Das Schicksal verdammte uns zum unfruchtbaren Müssiggange, aber die wohlthætige Industrie gibt uns der Gesellschaft wieder. Die nützlichen Beschæftigungen, welche sie uns lehrt, erleichtern unser Unglück. Wir erwachen zu neuen Hoffnungen und unsere peinliche Existenz wird uns zur leichteren Bürde.

Si l'art de la Typographie
Qui vint éclairer les Français,
Immortalisa le génie
Des autres Arts, et leurs succès :
Sans yeux, grace aux décrets suprêmes,
Par cet art nous pourrons, nous-mêmes,
Montrer à la postérité
Que les lumières des grands hommes
Ont produit, au siècle où nous sommes,
Le siècle de la vérité.

Les Grecs, en chef-d'œuvres fertiles,
Jadis au mortel étonné
Ont produit des maîtres habiles,
Devant qui l'on s'est prosterné ;
Mais du tems de ces personnages,
A la fois éclairés et sages,
Le Muet a-t-il su parler ?
Et, chaque objet rendu palpable,
L'Aveugle s'est-il vu capable
De lire, écrire et calculer ?

Quoique la sublime Nature
A jamais se voile à nos yeux,
Nous nous figurons la structure
De la terre, et même des cieux.
Des fleuves nous savons la source ;
Des astres nous comptons la course,

Die künstliche Typographie, Germania's Tochter, kam die Franken zu erleuchten, und das Genie und die Fortschritte der anderen Künste zu verewigen. Durch sie sind auch wir, obgleich des Gesichts beraubt, im Stande, der Nachwelt zu zeigen, dass das Genie der grossen Mænner in unserm Iahrhundert das Zeitalter der Wahrheit herbeygeführt habe.

Die Griechen, so reich an Meisterwerken, haben dem erstaunten Sterblichen grosse Lehrer gegeben, die man als Gœtter verehret hat; aber in dem Zeitalter dieser aufgeklærten und weisen Mænner hat der Stumme reden, hat der Blinde, für den jetzt alle Gegenstænde greifbar geworden, lesen, schreiben und rechnen kœnnen?

Obgleich die erhabene Natur sich für immer unsern Augen verschleiert, so bilden wir uns dennoch Begriffe von dem Baue der Erde, und selbst der Himmel. Wir wissen die Quelle der Strœhme, den Lauf der Gestirne, und versetzen uns wech-

Et passons successivement
D'Europe dans le nouveau-monde,
Grace à la main qui nous seconde
Et qui nous guide prudemment.

    Mes chers Compagnons d'infortune,
Comme moi, bénissez les jours
Qui de notre douleur commune
Commencent d'adoucir le cours;
Et toi, Muse, en rendant hommage
Aux vertus qui sont l'apanage
De tous nos zélés Protecteurs,
Dis que notre reconnaissance,
Pour égaler leur bienfaisance,
A jamais vivra dans nos cœurs.

*Par H u a r d , Aveugle, Pensionnaire
de la Maison Philantropique de Paris.*

selsweise aus Europa in die neue Welt;
gedankt sey es der hülfreichen Hand,
die mit Weisheit uns leitet.

Meine lieben Unglücksgefæhrten, seg-
net mit mir die Tage, welche anfangen
unsern gemeinschaftlichen Schmerz zu
versüssen; und Du, Muse, huldige den
Tugenden, welche alle unsere eifrigen
Beschützer schmücken; sage Ihnen, dass
unsere Dankbarkeit, um ihrer Wohlthæ-
tigkeit gleichzukommen, ewig in unsern
Herzen leben wird.

VI.

MÉMOIRE

SUR LA QUESTION

DE SAVOIR,

Pourquoi nous voyons les Objets droits, quoique l'Image en soit renversée sur la Rétine ;

Traduit du Teutonique et augmenté par l'Auteur.

L'EXEMPLE du jeune homme, que M. Cheselden eut le bonheur de rendre clair-voyant à l'âge de treize ans, * prouve d'une

* Voyez le Mémoire de M. Bew, sur la Cécité, page 49. Les observations faites sur ce

manière éclatante que, pour bien voir, il ne suffit pas que l'organe de la vue soit bien constitué ; mais qu'il lui faut encore de l'exercice. Il me confirme en même tems dans l'opinion, que la situation de l'image sur la rétine ne contribue nullement à bien voir, tant qu'il n'existe aucune habitude à cet égard ; et que par conséquent la question, » pourquoi voyons-nous les objets droits, quoique l'image en soit renversée sur la rétine ? » est dépourvue de tout fondement. Celui qui a été aveugle dès sa première enfance, et qui vient de recevoir la vue par la main de l'opérateur, ne saura pas distinguer au commencement, ce qui est droit ou renversé, ce qui est en haut ou en bas ; car il n'est pas même en état, comme nous le voyons dans cet exemple, de distinguer les objets les uns

jeune homme sont décrites avec plus de détail par Mr. CHESELDEN dans son traité d'Anatomie du Corps humain (*Anatomy of the human body, Lond. 1750*), page 300, et dans les Transactions Philosophiques (*Philosophical Transactions*) vol. . . . .

d'avec les autres. * Ce n'est que dans la
suite qu'il apprend tout cela par l'exercice
et en comparant les objets entre-eux; et
pour désigner ce qui est droit ou renversé,
en haut ou en bas, il est absolument
obligé de rapporter les objets à son propre
corps ou à d'autres objets qui lui soient
déjà connus et de les comparer avec ceux-
ci. La situation de l'image sur la rétine ne
lui en peut rien indiquer tant qu'il n'a pas
fait d'expériences. Il n'y a pas même d'autre moyen de reconnaître la situation droite
ou renversée de l'image sur la rétine, que
la voie des recherches anatomiques et physiologiques, en comparant la situation de
cette image avec celle des objets. Mais le
moyen de faire cette comparaison à l'égard
de l'image empreinte dans nos propres

* On trouve un exemple semblable dans le
volume de l'Encyclopédie méthodique qui a
pour titre : Encyclopædiana ou Dictionnaire
encyclopédique des Ana. A Paris, 1791. in 4.
pag. 132. --- Parmi trente-quatre Aveugles-nés
opérés par DAVIEL et JANIN, il n'y en eut
pas un seul qui vit les objets renversés.

yeux ? *Le tact,* me répondra-t'on peut-être. Il est vrai que nous pouvons employer ce sens pour reconnaître la position des objets. Mais est-ce que nous pouvons porter nos doigts, les principaux organes de ce sens, dans l'intérieur de nos yeux, pour reconnaître la position de l'image sur la rétine ? Ou croit-on que la rétine, cette membrane nerveuse, soit assez exercée comme organe du tact, pour reconnaître elle-même la position de cette image ? Mais il faut de l'exercice pour tous les organes des sens, avant qu'il soient en état de bien appercevoir et de distinguer avec exactitude leurs objets respectifs.

Il est donc entièrement indifférent, que l'image soit droite ou renversée sur la rétine. * Ce n'est qu'après nous être accoutumés par l'exercice, à prendre pour droit ce qui est renversé sur la rétine, et à croire

---

* Priestley est du même avis. Voyez son ouvrage intitulé : *The history and present state of discoveries relating to Vision, Light and Colours. Lond.* 1772. in 4°. vol. 1. pag. 86.

en haut ce qui est en bas dans cette image,
et réciproquement, que nous sommes en
état de distinguer la situation des objets
qui nous environnent, par la situation
de l'image sur la rétine.

La contradiction ou la difficulté que
quelques personnes croient avoir trouvée en
ce que l'image sur la rétine soit renversée
et que nous voyons pourtant les objets
droits, n'est donc qu'imaginaire, et toutes
les explications ingénieuses, par lesquelles
on a cherché à les lever, sont par conséquent superflues. Une des plus nouvelles
de ces explications, qui seraient certainement fort intéressantes, si elles étaient
nécessaires, est celle de Mr. VOIGT, Professeur de Physique à Jéna, * auquel je
communiquai mes idées sur cette matière
dans le courant de l'été de 1792.

Au lieu de demander, pourquoi nous
voyons les objets droits, quoique l'image

* Voyez le Magasin de Physique et d'Histoire
Naturelle, commencé par Lichtenberg et
continué par Mr. VOIGT, vol. V. page 143.

en soit renversée sur la rétine, il vaudrait mieux faire cette question : *Qu'est-ce que voir les objets renversés ?* ----- Il paraît, qu'on n'a pas assez fait attention que *droit* et *renversé* sont des notions purement relatives, ou bien que l'on s'est fait de la chose des idées trop grossières, et qu'on a supposé à l'ame une seconde paire d'yeux pour regarder l'image sur la rétine, et comparer la situation de cette image avec la situation des objets dans la nature. Car sans cela comment aurait-on pu élever cette question : pourquoi voyons-nous les objets renversés, ou pourquoi le poulet au sortir de la coque trouve-t-il tout de suite la nourriture sur la terre et ne la cherche-t-il pas en haut ?

Selon mon opinion il est tout-à-fait impossible, de voir les objets renversés, tant que la structure des organes de la vue reste la même. Car, ou il faudrait alors voir tous les objets, tantôt d'une manière, tantôt d'une autre, il faudrait que les images en fussent tantôt renversées, tantôt droites sur la rétine, ce qui se trouve réalisé en changeant pour ainsi dire la structure des organes de la vue à l'aide des loupes ou des tubes qui, selon l'expression vulgaire, renversent les objets ; ou il faudrait voir quelques objets dans une position, et d'autres dans une autre, c'est-à-dire qu'il faudrait que quelques images des objets fussent en même tems droites et d'autres renversées sur la rétine.

Quelque tems après m'être fait l'explication que je viens d'exposer, j'en trouvai une semblable dans les Institutions physiologiques de BLUMENBACH, que je vais communiquer, pour éclaircir et confirmer mon opinion sur cet objet.

» La fameuse question de savoir, pourquoi nous voyons les objets droits quoique l'image en soit renversée, parait facile à résoudre, quand on considère qu'on ne peut appeler renversés des objets que par rapport à d'autres qui se présentent droits.»

» Il faut donc observer que les images, non de quelques objets seulement, mais de tous et même de notre corps, prennent sur la rétine la même position relative, et que par conséquent leurs rapports de

situation sont exactement les mêmes que
s'ils se présentaient réellement droits ; de
sorte que l'ame (à laquelle les images
elles-mêmes ne sont point transmises , mais
seulement les sensations qui résultent de
leur impression) se trouve parfaitement
à l'abri de toute erreur à cet égard. » *

On trouve déjà une explication semblable de cette contradiction apparente

* Au lieu d'extraire ce paragraphe de la traduction du Cit. Pugnet, je l'ai traduit moi-
même , parce que ce Citoyen ne semble pas
avoir tenu la promesse qu'il a faite dans
son avant-propos , » de respecter le choix des
mots , et l'enchaînement des idées de l'auteur.»
Pour mettre le Lecteur instruit en état d'en
juger lui-même , je vais ajouter ici le texte de
l'original qui semble être rare en France.

» Celebre autem problema , quo quæritur,
quomodo ergo erecta videamus objecta , quo-
rum tamen imago inversâ retinæ exhibetur ,
facile videtur solutu consideranti , inversa vo-
cari non nisi respectu habito ad alia , quæ
erecta exhibentur. »

» Nunc vero cum non quorundam saltem, sed
dans

dans l'Histoire des découvertes sur la Vision, la Lumière et les Couleurs, par PRIESTLEY, publié en anglais 1772. * Né-

omnium ac singularum rerum objectarum, et nostri ipsius corporis etc. imagines eodem plano relativo situ a retina excipiantur, omnium ac singulorum situs et relatio æque bene sibi respondent ac si revera erecta exhibita fuissent, ita ut animæ (cui non ipsa hæc imago, sed sensus saltim ejus illapsu excitatus communicatur) ab omni confusionis errore perfecte cautum sit. » Jo. FRID. BLUMENBACHII Institutiones Physiologicæ. Gottingæ, 1787, in 8. §. 268.--- Une nouvelle édition de cet ouvrage a été publiée ou au moins imprimée il y a deux ans.

* » It seems sufficient to say, that upper and lower are only relative terms ; and that, as all objects are painted upon the retina in a similar manner (all the upper parts in one direction, and all the lower parts in another) it is by custom only, founded on experience, and the association of ideas, that we learn to distinguish them one from another ; so as to

H

anmoins cette manière très simple d'expliquer ce problême paraît être inconnue même à plusieurs de ceux qui professent la physique et la physiologie.

Je ne peux m'empêcher, d'ajouter encore quelques remarques sur un passage qui se trouve dans la Décade philosophique, littéraire et politique de l'an VII. * » Voyons-nous les objets droits ou » renversés; est-ce l'expérience du toucher, » qui nous a donné l'habitude de les » redresser ? » Il y a dans cette question une supposition fausse ; car après avoir bien réfléchi sur ce que je viens d'exposer à cet égard, on sera persuadé, qu'il

direct our eyes, or point our hands upwards or downwards, as we have occasion. » Vol. I. page 86.

* Notices des travaux de l'Institut National pendant le dernier trimestre, lues à la séance publique du 13 Vendémiaire, an VII, dans la Décade philosoph. littér. et polit. N°. 3. page 139.

n'y a rien ici à redresser. --- » Le C^{en}.
» ROEDERER qui a traité cette question,
» pense que par cela seul que nous avons
» senti en haut les objets vers lesquels
» il nous a fallu élever la main pour
» les atteindre, et en bas ceux vers les-
» quels il a fallu abaisser, l'œil voit
» en haut l'objet qu'il ne peut rencon-
» trer dans son axe de vision qu'en
» s'élevant, et en bas celui qu'il ne
» peut rencontrer qu'en se baissant ;
» de sorte que selon le C^{en}. ROEDERER,
» dont nous transcrirons ici les paro-
» les, c'est le jugement de l'œil, »
[Il me semble que dans cet endroit
l'expression du C^{en}. ROEDERER, ou
peut-être l'extrait qu'on a fait de son
Mémoire, n'est pas assez exact.]
» ou son sentiment, et non celui du
» toucher qui nous fait connaître la
» situation des corps, pourvu cependant
» que le toucher nous ait auparavant
» appris leur existence. » Je crois que
cette dernière condition est superflue,
et je demande par quelles raisons il
serait nécessaire que ce fût le sens du

toucher qui nous apprit auparavant l'e-
xistence des corps, pour que l'organe de
la vue nous fasse connaître leur situation; quoique je sois d'accord, que la
vue et le toucher peuvent s'aider l'un l'autre, et qu'ils peuvent par là rendre les
perceptions plus sûres et plus exactes.

VII.

OBSERVATIONS

SUR LA

MYOPIE ET LA PRESBYOPIE,

OU SUR LA

VUE COURTE ET LA VUE LONGUE.

S'IL est intéressant de connaître les moyens de suppléer à la perte de la vue ou d'un autre sens, il sera certainement d'un intérêt encore plus grand et plus général, de savoir ce qui rend le plus précieux de nos sens moins parfait, de connaître les moyens de guérir non seulement les défauts qui peuvent l'affecter, mais aussi de les prévenir.

Les défauts de la vue qu'on observe le plus fréquemment sont la Myopie ou la vue courte dans la jeunesse et dans l'âge viril, et la Presbyopie dans un âge avancé. On voit de nos jours, tant en France qu'en Teutonie, un si grand nombre de personnes qui sont privées, par ces défauts, et surtout par le premier, d'une grande partie des avantages que donne l'œil bien constitué et bien exercé qu'il me semble très important pour le public de connaître les principales causes de ces maladies. Comme j'espère que cette collection de Mémoires excitera la curiosité et l'attention de ceux même qui ne sont pas médecins, j'y joins quelques observations sur l'objet que je viens d'indiquer.

La Myopie et la Presbyopie sont toutes les deux ou le résultat d'une conformation vicieuse de l'organe de la vue, et alors ce sont des défauts innés ; ou elles sont produites après la naissance par des causes accidentelles, telles que le manque d'un exercice convenable et l'influence de circonstances particulières.

Les circonstances qui produisent ou la Myopie ou la Presbyopie, l'exercice qui doit produire ou perfectionner la faculté de distinguer également bien les objets de près ou de loin, et les moyens de prévenir ou de guérir les deux défauts indiqués, sont très différens et aussi opposés que ces défauts mêmes.

Les principales circonstances qui produisent la *Myopie* sont tout ce qui nous empêche d'exercer notre vue sur des objets éloignés. Telles sont l'habitation d'une grande ville ou d'une vallée étroite, qui ne permettent pas de promener ses regards dans le lointain, le séjour presque perpétuel dans un cabinet peu éclairé, la mauvaise habitude de regarder les objets de plus près qu'il ne faut, l'usage de lunettes trop concaves, les occupations qui nous obligent de regarder les objets de très près, telles que la lecture des ouvrages en petit caractère, l'habitude d'écrire fort menu, de dessiner ou de broder de petits objets, et enfin les travaux de différens

H 4

arts et métiers, tels que ceux des peintres en miniature, des graveurs, des horlogers, etc.

Les circonstances et les moyens capables de procurer ou de perfectionner la faculté de voir à de grandes distances , sont tout ce qui favorise l'exercice de notre vue sur des objets éloignés. On peut compter ici le séjour à la campagne, dans des grandes plaines ou dans des lieux élevés , qui nous offrent des vues étendues et qui excitent notre attention par des sites agréables ; l'habitation d'un appartement bien éclairé; l'habitude de ne lire que des ouvrages imprimés en gros caractères et de faire de grandes lettres en écrivant ; enfin toutes les occupations qui nous obligent de promener nos regards dans le lointain , comme les voyages par terre et par mer , le commandement d'un corps d'armée , les différentes sortes de chasse , la garde des troupeaux , la contemplation de grands sites pour les dessiner , l'effort souvent réitéré de regarder les objets d'un peu moins près qu'il ne nous semble nécessaire pour les bien distinguer.

Ayant non seulement indiqué les circonstances qui nous privent de la faculté de bien distinguer les objets de loin , mais aussi les moyens et les circonstances opposés qui nous donnent cette faculté ou qui la perfectionnent , c'est-à-dire , ayant exposé quelles sont les causes qui occasionnent la *Myopie* , aussi bien que celles qui nous en préservent , je crois pouvoir me dispenser de faire la même chose à l'égard de la *Presbyopie*. J'éviterai par-là une répétition , parce que les mêmes circonstances , qui nous préservent de la *Myopie* , peuvent nous rendre *presbytes* , quand elles agissent continuellement dans un haut degré ; et que les mêmes circonstances qui nous rendent *myopes* , peuvent nous procurer la faculté de bien distinguer les objets à peu de distance , lorsque nous en tirons un parti convenable.

Les différentes circonstances qui , en agissant seules , produisent ordinairement ou la *Myopie* ou la *Presbyopie* , sont en même tems propres à devenir des moyens de guérison de ces deux défauts, en combattant l'un par les circonstances qui produisent l'autre.

Je pourrais citer à l'appui de mes observations un grand nombre de faits ;
mais je me bornerai à donner dans cette
vue la traduction d'un petit Mémoire
remarquable, communiqué par un membre de la Société Royale de Londres à
la Société littéraire et philosophique de
Manchester.

VIII.

CAS D'UNE PERSONNE DEVENUE MYOPE

DANS UN AGE AVANCÉ ,

Par

Thomas HENRY , de la Société Royale
de Londres etc.

Traduit de l'Anglais.

JE me souviens , qu'il a été fait mention dans cette société , * il y a quelques années, d'une méthode recommandée je ne sais plus en quel endroit ni par qui , pour prévenir la nécessité de se servir de lunettes dans un âge avancé. Elle consistait dans la lecture d'ouvrages imprimés en très petits caractères à la lumière d'une petite

* Société littéraire et philosophique de Manchester.

chandelle. Les humeurs des yeux étant poussées par-là en avant, on supposait que cela empêchait le crystallin de perdre sa convexité et de s'applatir, comme il arrive ordinairement aux personnes âgées.

Je rencontrai, il y a quelque tems, un homme qui, contre l'ordinaire, était devenu myope à l'âge de cinquante ans, tandis qu'il n'avait pas éprouvé cet accident dans un âge moins avancé. Au lieu d'être obligé de se servir de verres convexes, il avait trouvé nécessaire de s'en procurer de concaves et de les prendre toujours plus concaves à mesure qu'il devenait plus âgé. Il ne remarqua ce changement de la vue que quelque tems après s'être accoutumé à lire un ouvrage imprimé en petit caractère, et fort souvent à la nuit tombante, lorsque la lumière ne suffisait plus.

Comme c'est un cas extraordinaire qui peut servir à confirmer la doctrine dont il vient d'être question, il m'a paru à propos de le communiquer à la société.

IX.

DESCRIPTION
D'UN NIMBE

OBSERVÉ EN ANGLETERRE

Par

Jean Haygarth , de la Société Royale
de Londres , etc.

Traduite de l'Anglais.

LE 13 Février 1780 retournant à Ches-
ter et montant près de Rhealt la montagne
qui entoure la vallée de Clwyd du côté
oriental , j'appercus un phénomène aussi
rare que curieux. Un de mes amis, l'ingénieux M^r. Falconer l'a représenté d'après
ma description dans un dessin fort exact
que je joins ici. [Voyez le Frontispice.]

Je vis sur la route au dessus de moi
une nuée blanche et lumineuse qui touchait à terre. Le soleil , prêt à se coucher,

brillait du plus vif éclat. J'avançai vers la nuée, et dès que mon ombre fut projettée dessus, mes yeux furent frappés d'un beau spectacle. La tête de mon ombre se trouva entourée, à quelque distance, d'un cercle de différentes couleurs, dont le centre semblait être vers les yeux. La circonférence de ce cercle s'étendait jusqu'aux épaules, et il n'était intercepté que par l'ombre de mon corps. Les couleurs en étaient très vives et se présentaient, autant que je m'en rappelle, dans le même ordre et dans la même proportion que nous les voyons dans l'arc-en-ciel ; la plus extérieure au moins était rouge. Ce cercle ressemblait parfaitement au nimbe ou à l'auréole que l'on voit sur les tableaux qui nous représentent Jésus-Christ ou les Saints : non pas à cette espèce de nimbe rayonnant qui touche immédiatement la tête mais à un cercle de couleurs concentriques qui se peint séparément à quelque distance d'elle. Lorsque je m'avancais, ce nimbe s'approchait ou s'éloignait suivant que l'inégalité du terrain raccourcissait ou prolongeait mon ombre ;

et comme la nuée était tantôt dans un petit vallon au dessous de moi, tantôt au même niveau, ou sur un terrain plus élevé, les variations de mon ombre et du nimbe devenaient extrêmement frappantes et singulières.

La beauté de cette scène était encore relevée par deux arcs blancs et lumineux, qui paraissaient à droite et à gauche à une distance assez considérable. Ils avaient la forme de l'arc-en-ciel, mais ils étaient plus larges ; leurs extrémités supérieures ne se réunissaient pas entièrement dans un demi-cercle, parce que la nuée ne s'élevait pas assez. Lorsque ma chaise montait, je ne pouvais rien observer de particulier autour de l'ombre du postillon, des chevaux ou de la chaise. Mais le postillon était fort allarmé par cette étonnante apparition qui en effet devait exciter de la terreur ou du plaisir, selon la disposition de l'observateur.

Les naturalistes ont décrit plusieurs phénomènes qui étaient sous quelques rapports semblables à celui que j'observai, mais qui n'étaient pas exactement les mêmes. La couronne que j'apperçus autour de la tête de mon ombre représentait par rapport à la grandeur, à la situation et aux couleurs, exâctement le *nimbe* que l'on voit sur quelques tableaux, et c'est là sans doute le modèle copié par des peintres. En effet un tel phénomène est très propre à exciter le respect religieux.

Lorsque je remontai dans la chaise, il parut autour de son ombre une lumière éclatante, mais il ne s'y forma point de cercle séparé et coloré.

Pour examiner la cause de cette apparition curieuse, d'après des principes d'optique, il sera bon d'observer quelques circonstances particulières. La pesanteur spécifique de la nuée était plus grande que celle de l'air dans cette région : car elle descendait avec une vitesse considérable sur la pente de la montagne, était très serrée et avait peu de hauteur, étant comprimée en partie par son propre poids, parce que l'air à cette hauteur se trouvait trop raréfié pour la suspendre.

J'ai vu quelquefois, mais rarement, des nuées semblables. Le 28 Novembre 1780

1780 je remarquai quelques nuages qui ressemblaient exactement à ceux dans lesquels j'avais observé le Nimbe, mais je n'eus pas le tems de m'en approcher. Ils étaient très denses, comprimés et rabattus sur la montagne, mais raréfiés et d'une hauteur considérable dans la vallée voisine, où l'atmosphère semblait avoir une gravité spécifique égale à la leur. La nuée, qui était sur la montagne, avait un éclat lumineux où le soleil l'éclairait mais elle était extrêmement noire aux endroits où d'autres nuages l'ombrageaient.

Dans quelques cas on a cru que le nuage, dans lequel s'est observée une semblable apparition, était composé de particules congelées. Probablement il en était ainsi dans le cas dont je parle. Car, en traversant le même soir, quelques heures plus tard et à cheval, une petite nuée, il se forma à mes cheveux des glaçons qui, par le mouvement du cheval, produisaient un son semblable à celui de cloches éloignées.

Je ne crois pas que l'on ait jamais remarqué dans la grêle ou la neige tombante un arc coloré semblable à l'arc-en-ciel ; les

I

gouttes congelées sont probablement trop opaques, trop peu rapprochées et trop volumineuses, pour présenter de telles couleurs. Mais dans le nuage qui a été décrit plus haut, la proximité et la petitesse des particules congelées a vraisemblablement permis la réflexion et la réfraction des rayons du soleil, de manière à former un arc coloré. Des expériences faites sur des surfaces minces glacées et de forme prismatique ou sur de petites particules d'eau gelée éclairciraient peut-être très bien cet intéressant sujet. Un verre incrusté de glace fournirait sans doute aussi quelques observations, de même qu'un phénomène que je vais décrire. Lorsque le soleil donne sur une surface de neige couverte de frimas, il y paraît, comme je l'ai remarqué dernièrement, de beaux points brillans de diverses couleurs, rouges, vertes, bleues etc. réflechies et refrangées sous différens angles. Ce phénomène examiné avec attention servirait peut-être à découvrir la cause du nimbe et des arcs lumineux que j'ai décrits.

X.

DESCRIPTION

D'UN NIMBE

OBSERVÉ EN TEUTONIE

ET

Comparé à celui de M^r. HAYGARTH;

Traduite du Teutonique.

J E n'entreprendrai pas de donner une explication du phénomène observé et décrit par M^r. HAYGARTH, mais je pourrai peut-être contribuer à l'éclaircir, en tirant du *Mercure Teutonique* * la description d'un phénomène semblable, pour le com-

* Der Teutsche Merkur vom Jahre 1783. 2. Vierteljahr, page 181.

I 2

parer avec l'autre. J'espère engager par-là
quelque physicien à faire des méditations
plus profondes sur cet objet.

» Je partis , dit l'observateur , de
Muhlhouse (en Thuringe), le 11 May
(1783). A cinq heures et demie du matin je me trouvais entre cette ville et Din-
gelstedt , au-de-là de Lengfeld , village
du territoire de Muhlhouse , assis dans
une chaise de poste découverte. Le soleil
était très éclatant ; le chemin se dirigeait
vers le nord-nord-ouest. Me tournant par
hasard du côté de l'ouest ; je vis avec
surprise une sorte de lueur autour de la
partie de mon ombre qui dépassait la voiture. Cette lueur plus éclatante autour de
la tête , devenait plus faible en s'abaissant
et suivait exactement le contour de l'ombre ; de sorte qu'elle avait partout la largeur d'environ trois pouces. Elle n'entourait que mon ombre qu'elle suivait , et
point celle de la voiture ni des chevaux ;
elle était plus marquée sur le blé en herbe
que sur la navette , et disparaissait entièrement quand l'ombre tombait sur la terre
nue. Malheureusement je ne pus observer

ce phénomène qu'environ deux minutes ;
car bientôt des nuages vinrent obscurcir
le soleil. » Telle est cette description.
L'auteur donne à ce phénomène le nom
de nimbe et regrette à la fin du mémoire,
qu'il n'y ait eu près de lui personne pour
le canoniser.

Au premier coup-d'œil les deux phénomènes semblent avoir beaucoup de ressemblance, et chaque observateur donne le
nom de *nimbe* à la lueur qu'il a vue autour de son ombre. Néanmoins ils sont
très différens entr'eux, ainsi que plusieurs
circonstances qui s'y rapportent. L'Anglais,
dont l'ombre fut projettée sur une nuée
lumineuse, ne vit la lueur qu'autour de
la tête de son ombre ; au lieu que le Teuton la vit circonscrire toute cette partie
de son ombre, qui dépassait la voiture.---
La lueur que l'Anglais vit était composée de différentes couleurs concentriques
qui, à ce qu'il croit avoir observé, tenaient
entre elles le même ordre que les couleurs
de l'arc-en-ciel; celle du Teuton était d'une
seule couleur et devenait plus faible à mesure qu'elle se portait en bas. --- La couleur

concentrique de l'Anglais ne touchait pas à l'ombre de la tête, tandis que le contraire semble avoir eu lieu à l'égard de la lueur du Teuton. --- M^r. Haygarth remarqua encore un arc lumineux de chaque côté de son ombre et à une distance considérable, le voyageur teuton au contraire n'apperçut rien de semblable. --- M^r. Haygarth en s'asseyant dans la voiture n'observa à la vérité autour de l'ombre de cette dernière aucun cercle coloré et séparé, mais pourtant une lueur éclatante qui l'entourait immédiatement. Le Teuton dit expressément, qu'il ne remarqua aucune lueur autour de l'ombre de la voiture ni de celle des chevaux.

Il résulte de cette comparaison que les deux phénomènes diffèrent entr'eux sous quelques rapports. Mais en les examinant de plus près, nous trouverons plusieurs circonstances qui semblent les rapprocher. Les deux observateurs avaient, lors de l'apparition, le soleil au dos. L'Anglais, en se tournant, n'observa autour de l'ombre de sa voiture et de celle des chevaux rien de particulier, quoiqu'en s'asseyant dans la voiture, il remarquât ensuite une lueur éclatante autour de l'ombre de cette dernière. De même le Teuton qui, assis dans sa voiture, s'était tourné par hasard vers l'occident, lorsque le phénomène le frappa, et qui avait par conséquent le soleil au dos, ne remarqua aucune lueur autour de l'ombre des chevaux qui allaient nord-nord-ouest. --- Reste à savoir, si le postillon, probablement assis devant la voiture, n'a rien observé autour de la sienne ?--- D'après la description de M^r. Haygarth, le postillon anglais semble avoir vu autour de son ombre un phénomène semblable à celui que le premier observa lui-même autour de la sienne. ---- Dans les deux cas le soleil ne se trouvait pas fort élevé au dessus de l'horizon, étant dans l'un près de se coucher, et ne pouvant dans l'autre être encore monté très haut, (le 11 Mai à cinq heures et demie du matin.) --- Dans les deux cas le soleil était très éclatant; et il est à remarquer que le voyageur teuton dit expressément qu'il ne put observer le phénomène qu'environ deux minutes, parceque des nuages vinrent obs-

I 4

curcir le soleil. ---- Mr. Haygarth observa le phénomène dans une nuée épaisse et d'une pésanteur considérable ; le Teuton le remarqua sur des champs couverts de blé en herbe et de navette, sur lesquels il y avait sans doute à l'heure où le phénomène fut observé, de la rosée en forme de vapeurs et en partie réunie en gouttes. La lueur cessait quand l'ombre tombait sur la terre nue. (C'est probablement parcequ'il n'y avait que peu de vapeurs et point de gouttes de rosée comme sur les champs de blé en herbe et de navette. ---- L'auteur remarque aussi que la lueur était moins éclatante sur la navette. Est-ce peut-être parceque celle-ci donne moins d'exhalaisons que le blé en herbe ? Ou quelle en serait d'ailleurs la cause ?) ---- Le nimbe coloré et concentrique de l'Anglais ne touchait pas à la vérité l'ombre de sa tête ; mais l'espace en dedans du cercle coloré était entièrement illuminé jusqu'à l'ombre. (L'auteur ne dit pas cela expressément dans sa description ; mais je le vois par la gravure faite d'après un dessin que l'observateur a dirigé lui-même.) Le nimbe du

Teuton semble aussi avoir circonscrit immédiatement son ombre. — Enfin les deux
phénomènes ont encore cela de commun
que chaque observateur n'apperçut le nimbe qu'autour de sa propre ombre. (La
hauteur du soleil, la position de l'observateur, de la nuée ou celle des vapeurs,
semblent avoir eu une influence essentielle
sur les deux phénomènes.)

La description et la comparaison exacte
de phénomènes semblables seraient sans
doute les moyens les plus sûrs de parvenir
à les expliquer d'une manière satisfesante.

Après avoir fait cette comparaison, j'ai
trouvé encore un autre Mémoire sur le
phénomène observé par le Teuton. * L'auteur, ministre de village, prétend avoir
remarqué le phénomène décrit dans le
Mercure chaque fois qu'il allait voir, à
six heures ou six heures et demie du
matin, ses semailles d'hiver. Il en donne
une explication peu satisfesante.

* Der Teutsche Merkur vom Jahre 1783.
Viertes Vierteljahr, page 191.

Le voyageur observe que la lueur était moins éclatante sur la navette, et disparaissait entièrement quand l'ombre tombait sur la terre. L'auteur du dernier Mémoire cité en donne l'explication suivante. » Le phénomène, dit-il, devient moins sensible sur la navette, parceque cette plante commence à fleurir en Mai, et que ses fleurs jaunes et ses tiges inégales empêchent le nimbe d'être visible; enfin le nimbe ne paraît pas sur la terre nue parce qu'elle n'arrête pas la rosée. »

En ajoutant encore la description de quelques phénomènes semblables, et un Mémoire sur la production artificielle des Nimbes, j'espère fournir au Lecteur assez de matériaux, pour qu'il essaye d'expliquer lui-même ces phénomènes qui ne semblent si singuliers, que parce qu'il y en a fort peu de décrits jusqu'à présent.

XI.

DESCRIPTION

D'UN NIMBE

OBSERVÉ AU PÉROU

Par

Mr. Bouguer, de la ci-devant Académie des Sciences. *

Nous avons eu tout le tems de reconnaître combien se trompent quelques Physiciens qui pensent que les nuages sont
d'une autre nature que les brouillards.

* Extrait de la Relation du voyage fait au
Pérou, laquelle se trouve dans les Mémoires
de l'Acad. des Sciences de l'an 1744.

Lorsque j'ai vu les nuages fort au-dessous de nous, ils m'ont toujours paru très blancs : je ne saurais mieux les comparer, et pour la couleur et pour la forme qu'ils avaient alors, qu'à des tas de coton qui se toucheraient et dont l'assemblage formerait une surface ondée. Quant à la couleur, il arrive précisément la même chose à l'eau qu'au verre. On sait que le verre le plus transparent devient opaque, lorsqu'il est pulvérisé, si on regarde la lumière au travers ; et qu'il paraît d'une blancheur de neige, si on le regarde du côté qu'il est très éclairé. C'est la même chose lorsque l'eau est réduite en très petites parcelles ou en gouttelettes presque imperceptibles dans les nuages ou dans les brouillards ; ces très petites gouttes ne sont apparemment autre chose que de petites sphères creuses, remplies d'air, lequel, en se dilatant plus ou moins, oblige l'eau qui forme la bulle à changer d'épaisseur ; et la petite sphère changeant de volume, le nuage monte plus ou moins haut, jusqu'à ce qu'il se trouve en équilibre avec la couche de l'atmosphère dans laquelle il flotte. Comme les petites bulles qui composent ces nuages, présentent un trop grand nombre de petites surfaces à la lumière, ils paraissent obscurs lorsqu'on les regarde par-dessous ; au lieu que si le spectateur est placé au-dessus, comme nous l'étions souvent sur Pichincha * et sur nos autres montagnes, tous les rayons réfléchis et confondus, après qu'ils ont souffert diverses réfractions, forment le blanc, conformément à ce que nous connaissons des propriétés de la lumière.

On voit presque tous les jours sur le sommet de ces mêmes montagnes un phénomène extraordinaire qui doit être aussi ancien que le monde, et dont il y a cependant bien de l'apparence que personne avant nous n'avait été témoin. La première fois que nous le remarquâmes nous étions tous ensemble sur une montagne moins haute, nommée Pambamarca. Un nuage dans le-

* Des montagnes aux environs de Quito, qui appartiennent à la chaîne ou Cordelière occidentale.

quel nous étions plongés, et qui se dissipa, nous laissa voir le *soleil qui se levait* et qui était *très éclatant*; le nuage passa de l'autre côté : il n'était pas à trente pas, et il était encore à trop peu de distance pour avoir acquis la blancheur dont je viens de parler, lorsque chacun de nous vit son ombre projettée dessus, et ne voyait que la sienne, parceque le nuage n'offrait pas une surface unie. Le peu de distance permettait de distinguer toutes les parties de l'ombre, on voyait les bras, les jambes, la tête; mais ce qui nous étonna, c'est que cette dernière partie était ornée d'une gloire ou auréole formée de trois ou quatre petites couronnes concentriques d'une couleur très vive, chacune avec les mêmes variétés que le premier arc-en-ciel, le rouge étant en dehors.

Les intervalles entre ces cercles étaient égaux, le dernier cercle était plus faible; et enfin à une grande distance, nous voyions un grand cercle blanc qui environnait le tout. C'est comme une espèce d'apothéose pour chaque spectateur; et je ne dois pas manquer d'avertir que chacun jouit tranquillement du plaisir sensible de se voir orné de toutes ces couronnes, sans rien appercevoir de celles de ses voisins. Je me hâtai de faire avec les premières règles que je trouvais, une espèce d'arbalestrille, pour en mesurer les diamètres. Je craignais que cet admirable spectacle ne s'offrît pas souvent. J'ai eu occasion d'observer depuis que ces diamètres changeaient de grandeur d'un instant à l'autre, mais en conservant toujours entr'eux l'égalité des intervalles, quoique devenus plus grands ou plus petits. Le phénomène outre cela ne se trace que sur les nuages, et même sur ceux dont les particules sont glacées, et non pas sur les gouttes de pluie, comme l'arc-en-ciel. Ordinairement le diamètre du premier Iris était d'environ 5 degrés ½, du suivant, d'environ 11 degrés, de l'autre de 17 degrés, et ainsi de suite ; celui du cercle blanc était d'environ 67. Le tems propre à ce spectacle qui demande que l'ombre soit projettée sur un nuage, disculpe les gens du Pérou qu'il ne faut pas blâmer de ne l'avoir pas vu : c'est une héure indue pour tout autre que des Phy-

siciens, pour se trouver sur le sommet
d'une haute montagne ; on l'appercevrait
apparemment quelquefois sur nos tours qui
sont fort élevées. Chacun de nous a vu des
brouillards peu étendus, qui n'étaient qu'à
quelques pas de distance. Il ne manquait
plus que l'autre condition, le soleil placé
dans l'horizon à l'opposite : dans les ren-
contres même où cette dernière circonstance n'a pas exactement lieu, on peut
encore distinguer souvent quelque portion
du cercle blanc, comme je l'ai remarqué
différentes fois depuis que j'y ai fait
attention.

DESCRIPTION

XII.

DESCRIPTION

D'UN NIMBE

OBSERVÉ EN ÉCOSSE

Par

Ebenezer M a c F a i t , Docteur en Médecine ;

Traduite de l'Anglais. *

On trouve souvent l'occasion de faire des observations , sans avoir assez de loi-sir pour juger de leur importance et en tirer un parti convenable. C'est là préci-

* L'original de la description de ce phéno-mène se trouve dans les Essais et observa-

K

sément ce qui m'est arrivé à l'égard de ce qui suit.

Dans un tems nébuleux , durant le froid , j'ai souvent observé qu'il se présentait dans le brouillard , lorsque le soleil était arrivé à une certaine hauteur , un arc blanc en forme de demi-cercle , dont la hauteur semblait faire un angle égal à l'élévation du soleil au dessus de l'horizon.

Cette sorte de brouillard vient de l'océan avec un léger vent de nord-est , et couvre toutes les contrées basses : mais dans un pays comme le nôtre , si diversifié par des collines , des plaines et des vallées , on

tions d'Edimbourg , (*Essays and observ. physical and literary , Edinburgh* , 1754 , in 8.) Vol. I. p. 197. ---- PRIESTLEY , en donnant dans son Histoire des Découvertes snr la Vision , etc. (*History and present state of discoveries relating to Vision , etc.*) un extrait de ce Mémoire comme du précédent , n'a pas essayé d'expliquer les phénomènes. Voyez *Sect. XI. Observations concerning Halo's and Parhelia.*

peut souvent s'élever au dessus du brouillard en montant sur une colline du voisinage. On voit alors quelquefois tous les
environs comme submergés sous un vaste
déluge, au milieu duquel paraissent çà
et là les pointes de collines éloignées, et
l'idée d'y être replongé inspire une sorte
d'horreur. L'air est pendant ce tems dans
les régions élevées très pur, serein et
agréable à respirer.

Dans cette situation l'on peut observer
un phénomène que j'ai remarqué depuis
plusieurs années, savoir un arc-en-ciel
formé autour de notre ombre dans le brouillard. Les Français qui allaient au Pérou
pour déterminer la forme de la terre, et
qui parmi d'autres difficultés eurent le désagrément d'être contrariés par des brouillards fréquens, avaient souvent l'occasion
d'observer ce phénomène. Il faut remarquer
ici que tout le monde peut satisfaire sa
curiosité à cet égard.

J'eus encore l'occasion de voir ce phénomène le 23 Octobre dernier, en allant
de Glasgow vers le nord. Etant monté un
peu au dessus du brouillard, de manière

que mon ombre fut projettée dessus , et le soleil étant derrière moi presqu'à mon niveau , il se forma autour de mon ombre deux zones colorées comme l'arc-en-ciel. Les couleurs de la dernière zone étaient larges , très distinctes et partout éloignées de l'ombre d'environ deux pieds ; puis venait un intervalle obscur , et ensuite une autre zone colorée plus étroite entourant immédiatement (*closely-surrounding*) mon ombre qui était très rétrécie.

Il faut remarquer qu'on observe encore un cercle de lumière , plus large qu'à l'ordinaire , autour des ombres de tous les corps , qui sans doute est produit par l'inflexion des rayons de lumière lorsqu'ils passent auprès des surfaces de ces corps. Mais je n'essayerai pas d'expliquer de quelle manière cette inflexion des rayons contribue à la formation de ces zones colorées.

XIII.

DE LA
PRODUCTION ARTIFICIELLE
DES NIMBES

OU

DES ARCS-EN-CIEL

A VOIE SECHE,

Par

G. C. LICHTENBERG , Professeur de Physique à Gœttingue. *

O N tâche souvent de donner à grands frais aux jardins une parure et un lustre passagers ; on y bâtit des palais d'un frèle

* Le célèbre auteur de ce Mémoire , extrait de l'Almanac de Gœttingue (*Gœttinger Taschen-*

treillage ; des planches et des aires diffé-
remment figurées y sont couvertes de sable
de diverses couleurs ; on les illumine au
profit des pourvoyeurs d'huile , des do-
mestiques, et au préjudice des plantes ; ou
l'on peint au-dessus le ciel nocturne avec
des feux et des comètes artificielles souvent plus funestes aux coffres-forts que
les naturelles. Ne pourrait-on pas aussi
embellir les jardins de la manière suivante?
On connaît ces tables recouvertes de co-
raux de toutes couleurs, en manière de mo-
saïque , ouvrage qu'il ne faudrait pas nous
donner comme une production de la zone
tempérée , si l'on veut le rendre supporta-
ble , sinon à l'œil , au moins à l'esprit. Si
dans un jardin l'on recouvrait d'une manière semblable une muraille exposée au

Calender) pour l'année 1794, est mort en 1799.
La république des lettres a perdu en lui non
seulement un des premiers physiciens mais
aussi un excellent satirique ; ses explications
des Planches de Hogarth (*Erklærungen der
Hogarthischen Kupfertafeln*) sont très estimés.

soleil avec de petits globules de verre solides ou même de globules soufflés et remplis d'eau, cela procurerait à celui qui s'y promenerait un coup-d'œil fort agréable. En effet l'ombre de sa tête ne donnerait pas plutôt sur ce plan ainsi recouvert, qu'il la verrait entourée d'un cercle des couleurs les plus vives de l'arc-en-ciel. Si les têtes de quelques personnes se promenant en société venaient projetter leur ombre sur ce plan, chacune de ces personnes aurait l'avantage flatteur de ne voir que sa propre ombre couronnée par ce Nimbe, tandis que celle des autres lui paraîtrait dans une humble et triste privation de lumière : ce qui fait une des situations les plus ravissantes où puisse se trouver le cœur humain. Chacun se croirait l'élu du ciel et regarderait au contraire son compagnon comme un pauvre diable. C'est là ce qui produit cette intimité et cette effusion du cœur qui donnent aux réunions publiques dans les bains ou ailleurs un attrait si puissant pour certaines personnes.

En prenant des globules soufflés et

remplis d'eau dont les orifices auraient
été fermés par une nouvelle fusion , il
faudrait , en les distribuant sur le plan ,
avoir l'attention d'en tourner le point
de clôture de manière qu'il ne nuisît
point à l'effet. Sans doute les plus
convenables seraient ceux qu'on aurait
passés à la meule et polis avec quelque exactitude. Si cette sorte de jeu
présentait quelque gain , on apprendrait
bien vite à les façonner , à les polir
et à les enchâsser en grande quantité.

XIV.

DESCRIPTION

D'UN TÉLÉGRAPHE

TRÈS SIMPLE

ET

A LA PORTÉE DE TOUT LE MONDE.

Avec une Planche.

DESCRIPTION

D'UN TÉLÉGRAPHE

TRÈS SIMPLE.

Parmi les grands avantages dont est privé celui qui ne jouit pas de la vue, on peut aussi compter la Télégraphie, à laquelle il serait difficile de suppléer par un autre sens. Sans doute un tel art à l'usage des Aveugles devrait être très imparfait. Les avantages au contraire qu'il peut fournir à ceux qui jouissent de la lumière, me semblent assez importans pour qu'on tâche de le rendre plus général et de le mettre à la portée de tout le monde. C'est dans ce but que j'expose quelques idées sur cet objet. Je ne prétends pas être le premier ou le seul qui les ait eues ; je présume même le contraire, et dans ce cas elles auraient cela de commun avec la Télégra-

phie en général qui , quoique nouvelle
dans son exécution , ne l'est pourtant pas
à l'égard de son invention. *

Persuadé qu'il est important de pouvoir
communiquer ses idées à d'autres personnes à des distances trop grandes pour
la voix et l'ouie , je me suis occupé à
rechercher un Télégraphe qui fût à la
fois peu coûteux et assez parfait , pour
être d'un usage aisé. Je crois l'avoir
trouvé ; c'est la nature même qui le
donne à tout le monde. Ce Télégraphe
est notre propre corps , ses aîles sont
les bras qui l'un avec l'autre et avec la
ligne perpendiculaire du tronc peuvent
former un grand nombre de figures assez
distinctes , pour être apperçues facile-

* Il n'est pas extraordinaire que la même invention ait été faite par plusieurs personnes.
Ainsi on trouve l'idée de la Télégraphie dans
la préface d'un des ouvrages teutoniques
du célèbre *Chr. Louis Hoffmann* , natif de
Rheda et médecin de l'Electeur de Mayence:
ce qui n'affaiblit pourtant pas le mérite de
l'inventeur français. Une description du té-

ment à des distances considérables, par la vue simple ou à l'aide d'un télescope. Ne serait-il pas bien agréable pour deux amis demeurant vis-à-vis l'un de l'autre

légraphe inventé et exécuté par le Citoyen Chappe se trouve dans l'ouvrage intéressant de Mr. Meyer, intitulé : *Fragmente aus Paris im IVten Jahr der Franzœsischen Republik; Hamburg*, 1797, en deux volumes in 8°. L'Auteur, qui a été dans le bureau du télégraphe au Louvre avec le Cen. Chappe, dit que ce dernier fit son invention avant la révolution, qu'il la communiqua en 1792 à l'Assemblée nationale, et que la Convention, sur le rapport de Lakanal, décréta le 25 Juillet de 1793 l'établissement d'une correspondance télégraphique sous la direction du Cen. Chappe, comme Ingénieur-Télégraphe. On se fera une idée de la rapidité de la correspondance télégraphique par l'exemple suivant, dont Mr. Meyer fut témoin. Il dit que pendant sa présence dans le bureau du Louvre, et à l'heure du soir convenue, on demanda *par un seul signe*, au bureau de Lille, s'il était arrivé quelque chose de nouveau dans l'armée du Nord, et qu'on reçut réponse que non en 88 secondes.

sur une grande place ou sur les bords d'une large rivière, de pouvoir communiquer ensemble? De quelle utilité ne serait-il pas pour les habitans des campagnes, d'avoir un moyen de communication qui fût prompt et n'exigeât aucuns frais.

J'espère donc que la plupart des Lecteurs verront avec plaisir qu'on leur fasse part d'un moyen de communication, susceptible d'être varié et perfectionné par eux-mêmes. Dans la clef ci-jointe se trouvent des signes pour tous les caractères de l'alphabet français, pour les chiffres et pour la ponctuation. Pour simplifier l'écriture de ces signes, on peut omettre, comme je l'ai fait, la ligne perpendiculaire et immuable qui représente le tronc de notre corps, en l'indiquant seulement dans quelques signes ou caractères par un point, comme dans l'*e* et l'*u*; et pour les écrire avec plus de rapidité, on pourrait peut-être les joindre d'après la manière des sténographes.

Trois différentes positions du bras droit et autant de l'autre forment les signes pour les voyelles. Le bras droit alongé

et un peu élevé formant avec la ligne
du tronc un angle d'environ 45 degrés,
fournit le signe qui exprime l'*a*; le même
bras alongé et plus élevé ou horizontal,
formant avec le tronc un angle droit,
donne l'*e*; plus élevé et formant un angle obtus d'environ 135°, il fournit l'*i*.
Le bras gauche alongé formant avec le
tronc un angle d'environ 45° nous donne
le signe pour l'*o*; plus élevé ou horizontal, il désigne l'*u*; plus élevé encore
et formant un angle d'environ 135°, il
donne l'*y*.

On peut remarquer, ne fût-ce que
pour aider la mémoire, que l'*a* et l'*o*
dont les sons ont quelque ressemblance
dans plusieurs mots, sont indiqués par
le même signe, ainsi que l'*i* et l'*y* qui
dans la langue française n'expriment souvent qu'un seul son; cependant avec
cette différence, que les signes pour l'*a*
et l'*i* sont formés par le bras droit, et
ceux pour l'*o* et l'*y* par le bras gauche. Les deux autres voyelles, l'*e* et l'*u*,
sont pareillement indiquées par le même
signe, mais aussi avec la même différence.

Pour former le *b* , on fait décrire aux deux bras un angle de 45°. Pour former le *c* et le *d* , on laisse le bras droit dans la même position , et on lève le bras gauche à la hauteur de 90° pour le premier , et de 135° pour le dernier.

Pour former les lettres *f* , *g* , *h* , on met le bras droit dans la ligne horizontale , et l'on fait avec le bras gauche les trois différens angles de 45° , de 90° et de 135°.

Pour exprimer *j* , *k* ou *q* , et *l* , on lève le bras droit à la hauteur de 135° , et on répète avec le bras gauche les mêmes positions qui ont été employées pour les six consonnes précédentes.

Pour former l'*m* , on met la partie supérieure du bras droit dans la ligne horizontale et on lève en même tems l'avant-bras de manière qu'il forme avec cette partie un angle droit. Pour désigner l'*n* on met le bras gauche dans la même position. Pour former le *p* on fait décrire la figure précédente aux deux bras à la fois.

Pour exprimer les lettres *r* , *s* , *t* , on met la partie supérieure du bras droit dans

la

a ligne horizontale et l'on forme avec l'a-
ant-bras élevé , un angle droit , en fesant
uccessivement avec le bras gauche alongé
es trois différens angles de 45 , 90 et 135°.

Pour le v , l'x , et le z l'on fait avec le
ras gauche ce que l'on a fait pour les trois
ettres précédentes avec le bras droit qui
our lors forme les trois angles de 45°,
0° et 135°.

Si l'on veut indiquer qu'un signe télé-
raphique est terminé , l'on retire les deux
ras de manière qu'ils ne forment qu'une
eule ligne avec le reste du corps.

Le bras droit mis en repos de manière
ue la main soit appuyée sur la hanche ,
ndique la terminaison d'un mot.

Le bras gauche mis dans la même pósi-
ion , est le signe de la virgule (,).

Les deux bras mis dans cette position ,
ndiquent un point et une virgule (;).

En mettant le bras droit dans la même
osition et en fesant en même tems avec
e bras gauche le signe de l'n, on indique
leux points (:).

En appuyant le bras gauche sur la
ianche et en fesant avec le bras droit le

L

signe de l'*m*, on indique le point (.).

En tenant le bras droit de manière que la main soit au-dessus de la tête ou qu'elle la touche, on fait le point d'interrogation (?).

La même manœuvre faite avec le bras gauche, fournit le signe pour le point d'exclamation (!).

Les trois signes de la terminaison d'un mot, de la virgule, et du point d'interrogation, combinés chacun avec trois différens angles, qui se font avec l'autre bras, forment les neuf chiffres.

En mettant le bras droit en repos sur la hanche, et en formant avec le bras gauche alongé les trois angles de 45°, de 90° et de 135°, l'on fait les signes pour les chiffres *1*, *2*, *3*.

En appuyant le bras gauche sur la hanche, et en fesant les trois mêmes angles avec le bras droit, on forme les chiffres *4*, *5*, *6*.

En mettant le bras droit dans le signe du point d'interrogation et en répétant avec le bras gauche les trois angles de 45°, 90° et 135°, on forme les chiffres *7*, *8*, et *9*.

Pour indiquer le zéro (o), on élève les deux bras de manière que les mains soient au-dessus de la tête ou qu'elles la touchent.

Pour exprimer le 10, on fait le signe de 1 et de o , sans faire entre ces deux signes ni celui de la terminaison d'un mot ou d'un nombre , ni celui d'une virgule , etc. Pour exprimer 11 , on fait deux fois le signe de 1 à l'aide du signe de la terminaison d'un caractère ou d'un chiffre. Pour indiquer 12 , on fait le signe de 1 et de 2 , et ainsi de suite. On peut à volonté exprimer 10 , 11, 12 , chacun par un seul signe , en mettant le bras gauche dans la position du point d'exclamation , et en formant avec le bras droit successivement les trois angles de 45, 90 et de 135 degrés. Il ne serait pas même difficile d'imaginer encore un grand nombre de signes , pour exprimer 13 , 14 , 15 , et beaucoup d'autres nombres chacun par un seul signe.

Si l'on voulait faire usage de ce télégraphe naturel, soit par terre , soit par mer , à la distance d'une ou même de

plusieurs lieues , ou si l'on voulait se
passer de télescope à des distances moins
considérables , on n'aurait qu'à ajouter à
chaque bras naturel un bras artificiel, c'est-
à-dire un chassis oblong de la largeur de
plusieurs décimètres et de la longueur d'un
ou de plusieurs mètres. * Il faudrait que le
chassis fût revêtu de taffetas ciré ou d'une
autre étoffe de couleur foncée , et qu'il
fût pourvu d'une poignée pour le tenir et
le diriger. ** Notre télégraphe ne pourrait

* Un mètre fait un peu plus de trois pieds ;
un décimètre est la dixième partie d'un mètre.
V. Réduction des mesures et poids anciens en
mesures et poids nouveaux , et des mesures et
poids nouveaux en mesures et poids anciens.
Par *M. J. Brisson*. Edition stéréotype. Prix
40 centimes (8 sous). A Paris , An VII.

** Si l'on fait les signes télégraphiques devant
un mur coloré ou dans un appartement qui
n'est pas éclairé de toutes parts et qui forme
un fond obscur pour celui qui observe le jeu
de nos bras et des chassis, il faut revêtir les uns
et les autres d'une étoffe blanche , pour rendre
leurs différentes positions plus perceptibles.

plus alors être appelé *naturel* ; mais il serait encore un des plus simples parmi les artificiels. Je crois qu'on pourrait faire usage d'une manière très avantageuse de cette sorte de télégraphe ; il est simple, peu coûteux ; on peut s'en servir pour toutes les directions, et même le transporter très facilement. Sous ce dernier point de vue il serait sans doute très propre à former des lignes télégraphiques mobiles et pour ainsi dire une télégraphie volante, qui à mon avis serait très utile à la guerre, en entretenant une communication prompte et perpétuelle entre les différens corps et avec les lignes télégraphiques fixes et ordinaires.

Une machine d'un transport aisé et propre à élever un homme à une hauteur considérable, contribuerait sans doute à rendre la télégraphie volante plus parfaite. Dans les cas, assez rares sans doute, où il faudrait élever le télégraphe à une hauteur très considérable au dessus du terrein, on pourrait se servir d'un aérostat, en tâchant de rendre la nacelle aussi immobile que possible, afin que les mouvemens du ballon n'empêchent pas de faire des signes bien distincts et d'observer ceux des autres postes télégraphiques.

On pourrait se servir des télégraphes aux chassis la nuit comme le jour, en y ajoutant des lanternes comme aux télégraphes ordinaires. Il faudrait en placer une au milieu, c'est-à-dire sur la poitrine de la personne qui ferait avec ses bras et à l'aide des chassis les signes télégraphiques, une à la poignée et une autre à l'extrémité de chaque chassis. Pour éviter que la personne ne souffre pas des vapeurs de la lanterne du milieu, on pourrait la placer devant la personne à une petite distance, et dans les cas où les mouvemens doivent être visibles de deux côtés, il vaudrait encore mieux placer cette lanterne sur la tête, ou en placer une sur chaque épaulé. On pourrait même s'en passer entièrement.

Il faut que les lanternes attachées aux chassis soient mobiles, de manière qu'elles gardent dans tous les mouvemens de ces derniers la position verticale. Les chassis dont on se servirait la nuit, pourraient être très légers et de peu de largeur, parce qu'ils ne servent que de point d'appui aux lanternes. Deux cannes ou même des bâtons ordinaires d'un bois un peu ferme suffiraient.

On pourrait peut-être se servir avantageusement de cette sorte de télégraphe pour établir même des lignes télégraphiques immobiles, dans tous les cas où les télégraphes dont on se sert à présent seraient trop coûteux. Souvent le même poste télégraphique pourrait servir pour plusieurs lignes de différentes directions. À l'aide de cette télégraphie, on pourrait entretenir à peu de frais, même dans les petits pays ou dans les provinces et les départemens, une communication entre la capitale ou le chef-lieu et les autres points considérables, ainsi qu'avec les lignes télégraphiques ordinaires. De quelle importance ne serait-il pas de pouvoir indiquer à l'instant des incendies, des inondations ou d'autres événemens qui demandent un prompt secours !

Il serait bon de placer le télégraphe ou la personne qui ferait les signes télégraphiques sur une espèce de tabouret, pour lui faciliter différens mouvemens. Placée de cette manière , elle pourrait faire avec ses bras et les chassis un nombre prodigieux de figures assez distinctes pour n'être pas confondues l'une avec l'autre. Le nombre de ces figures serait même plus grand que celui qu'on peut faire avec les télégraphes ordinaires, parce que les deux bras forment deux lignes mobiles , au lieu que le corps (ou le régulateur) dans les télégraphes ordinaires n'en forme qu'une seule.

En ajoutant aux bras les chassis , chacun des premiers ne représenterait qu'une seule ligne droite, et ferait le même service que le haut du bras dans le télégraphe naturel ; les chassis représenteraient les avant-bras et feraient le même office. La plupart des figures seraient formées avec le télégraphe aux chassis de la même manière , qu'avec le télégraphe naturel. Mais au lieu que dans le dernier on appuye les bras sur la hanche , on pourrait appuyer les chassis sur la terre , en ligne perpendiculaire , ou comme l'avant-bras sur la hanche , en ligne oblique. On a indiqué cette différence dans la clef du

jeu du télégraphe naturel et du télégraphe aux chassis.

Au moyen de ce dernier on pourrait
encore rétablir très promptement la communication sur une ligne télégraphique
ordinaire, qui aurait été interrompue par
la destruction d'un ou de plusieurs postes
télégraphiques. Les télégraphes ordinaires
ne peuvent pas décrire tous les mouvemens des télégraphes aux chassis, mais
ces derniers peuvent faire au cas de besoin
tous les mouvemens des premiers.

Au défaut des chassis on peut même
se servir de deux chapeaux ou de deux
autres corps de couleur foncée ou claire
selon les circonstances, pour rendre les
signes télégraphiques plus distincts.

Si l'on veut correspondre la nuit et
qu'on n'ait pas de chassis aux lanternes,
on peut les remplacer en quelque sorte par
deux ou trois bougies ou flambeaux, dont
un pour chaque main et le troisième au milieu qu'il faudrait placer devant soi sur un
objet quelconque à la hauteur de la poitrine. Afin que ce dernier flambeau n'empêche pas d'observer les mouvemens de

son correspondant, il faudrait le mettre derrière un écran. Le flambeau du milieu donne un point fixe et les deux autres sont des points mobiles qui avec le premier forment les différens signes télégraphiques. L'*m*, l'*n* et le *p* se distingueront de l'*i*, de l'*y* et de l'*l* par la distance moins considérable des flambeaux mobiles de celui qui est au milieu. Voyez la clef des signes télégraphiques.

Plusieurs des Lecteurs feront sans doute des objections contre les signés télégraphiques que j'ai proposés. On dira par exemple, qu'il est difficile de retenir la signification des différens caractères. Mais on se convaincra du contraire, si l'on veut remarquer que ces signes sont formés d'après une méthode et dans un ordre systématique.

La terminaison d'une lettre ou d'un chiffre est indiquée par le signe le plus simple, par la ligne perpendiculaire du corps. Les cinq voyelles et l'y sont formées par un seul bras et par une seule ligne droite, en commençant par le bras droit et en allant de bas en haut. Les signes pour les consonnes, la ponctuation et les chiffres se composent chacun de plusieurs lignes formées ou par deux bras alongés, ou par un bras plié, ou par un bras plié et l'autre alongé, ou par deux bras pliés à la fois. On commence toujours par le bras droit, en allant de bas en haut, comme on peut le remarquer aisément, en examinant la clef des caractères télégraphiques.

Pour saisir avec plus de facilité les différens caractères, il sera bon de retenir principalement le premier de chaque ordre : l'a, l'o, le b, l'f, le j, l'm, l'r, le v, le signe pour la terminaison d'un mot, ceux pour deux points, pour le point d'interrogation, et pour les chiffres 1, 4, 7 et o.

On peut même se servir des signes télégraphiques, avant qu'ils nous soient très familiers, en mettant la clef de ces caractères devant soi, pour former avec son bras ou à l'aide des chassis ceux dont on veut se servir, et en traçant les signes de la personne, avec laquelle nous sommes en communication, dans ses tablettes, sur un morceau de papier, ou même sur la terre, pour chercher alors dans la clef la signification de ces caractères qui ne nous sont pas encore assez connus.

Nos signes télégraphiques sont en effet si faciles qu'on pourrait les faire décrire et noter par un enfant ou par un domestique qui ne sait ni lire ni écrire.

J'avoue cependant que des positions de nos bras qui imiteraient la figure des caractères ordinaires, seraient encore plus faciles à retenir, mais plus difficiles à tracer sur le papier : aussi ne peuvent-elles servir que pour des distances moins considérables. Le C^en. *Haüy* ayant imaginé un alphabet de pareils caractères a eu la complaisance de m'en communiquer un exemplaire et de m'en donner les explications nécessaires.

Il faut encore remarquer que tous nos signes télégraphiques se peuvent faire avec le pouce et le doigt indicateur des deux mains, et qu'en les formant de cette manière on peut s'entretenir à une petite distance , sans que cela soit très perceptible à d'autres personnes qui ne connaissent pas ces signes ou qui n'y font pas bien attention. *

* Même une seule main forme un petit télé-

Le pouce de la main droite, alongé et formant un angle de 45° avec une ligne verticale qui toucherait l'extrémité du pouce, exprime l'*a*.

Le doigt indicateur (ou le pouce) de la même main alongé et formant un angle droit avec la ligne verticale, désigne l'*e*.

Le même doigt formant avec la ligne verticale un angle de 135° représente l'*i*.

Le pouce ou le doigt indicateur de la main gauche formant avec la ligne verticale les trois angles de 45, 90 et 135° exprime l'*o*, l'*u* et l'*y*.

Les deux pouces se touchant par leurs bouts et formant chacun avec la ligne verticale un angle de 45°, représentent le *b*.

Le pouce de la main droite et le doigt indicateur de l'autre se touchant par leurs extrêmités et formant avec la ligne verticale, le premier un angle de 45° , et l'autre un angle droit, expriment le *c*.

Le pouce de la main droite et le doigt

graphe qui peut faire des signes perceptibles à une distance assez grande.

indicateur de l'autre se touchant par leurs extrémités et formant avec la ligne verticale , le premier un angle de 45° et l'autre un angle de 135° indiquent le *d*.

Le doigt indicateur de la main droite , formant un angle de 90° , et le pouce ou le doigt indicateur de l'autre main décrivant successivement les trois angles de 45, 90 et 135° , désignent l'*f*, le *g* et l'*h*.

Le doigt indicateur de la main droite formant avec la ligne horizontale un angle de 135° , et le pouce ou le doigt indicateur de l'autre main , formant successivement les trois différens angles de 45, 90 et 135° , indiquent le *j*, le *k* ou *q* , et l'*l*.

Le doigt indicateur de la main droite , mis en ligne horizontale, et le pouce de la même main élevé et formant avec le premier un angle droit , désignent l'*m*.

La même manœuvre faite avec la main gauche , est le signe pour l'*n*.

La combinaison des signes pour l'*m* et l'*n* représente le *p*.

Le signe de l'm combiné successivement avec les signe de l'o , de l'u et de l'y , expriment l'*r* , l'*s* et le *t*.

Le signe de l'n combiné successivement avec les signes de l'a, de l'e et de l'i, représente le *v*, l'*x* et le *z*.

Pour indiquer la terminaison d'un signe, on joint les mains de manière qu'aucun des doigts ne forme une ligne séparée.

En décrivant avec le doigt indicateur de la main droite une ligne oblique formant un angle de 45°, et en fesant au dessous de cette ligne avec le pouce de la même main un angle droit, l'on représente **le** signe de la terminaison d'un mot.

La même manœuvre faite avec l'autre main exprime la virgule (,).

La combinaison des deux signes précédens indique un point et une virgule (;).

La combinaison des signes de la terminaison d'un mot et de l'n exprime deux points (:).

La combinaison des signes de la virgule et de l'm indique le point (.).

En mettant le doigt indicateur de la main droite dans le signe de l'i et en décrivant au dessus avec le pouce de la même main un angle droit, l'on forme le point d'interrogation (?).

En mettant le doigt indicateur de la main gauche dans le signe de l'y et en formant au dessus un angle droit avec le pouce de la même main, l'on exprime le point d'exclamation.

Les signes pour les chiffres se forment par la combinaison de plusieurs signes précédens, comme on le remarquera facilement en examinant la clef des signes télégraphiques.

Pour rendre la correspondance au moyen de notre télégraphe plus rapide, on pourrait profiter de quelques procédés des sténographes. En conservant nos caractères télégraphiques on supprimerait p. e. la plupart des voyelles, et on exprimerait plusieurs monosyllabes et les terminaisons les plus ordinaires des polysyllabes par un seul caractère. Si on voulait se former une sténographie télégraphique plus parfaite, il faudrait choisir les caractères ou les positions les plus simples pour les lettres et les sons dont on se servirait le plus souvent. L'étude de la sténographie ordinaire faciliterait sans doute l'invention de cette sténographie télégraphique. Voyez le traité

té de sténographie par TAYLOR et celui par BERTIN. *

Il a été déjà remarqué plus haut (p. 158) que pour écrire nos caractères télégraphiques avec plus de rapidité , l'on pourrait peut-être les joindre d'après la manière des sténographes. J'en ai fait un essai dans la clef des signes télégraphiques , où les lettres de ce dernier mot sont liées ensemble sans que leur figure soit changée et sans avoir employé des traits parasites , en

* Le premier a pour titre : *An essay intended to establish a standard for an universal system of Stenography. London* , 1786. L'autre est intitulé : Système universel et complet de Sténographie , etc. inventé par *Sam. Taylor* et adaptée à la langue française par THEOD. P. BERTIN. Troisième édition. Paris , an IV.

Il vient de paraître un nouveau traité de sténographie ayant pour titre : Méthode perfectionnée de Sténographie ; par les C^ens. CATTET et GARDET. Il serait à souhaiter que les auteurs eussent représenté l'*f* et le *ch* par les mêmes caractères que TAYLOR , et le *v* par le caractère que ce dernier a employé pour le *w*.

M

indiquant seulement l'extrémité des voyelles qui répond à la jointure du bras , par un point. Mais ce procédé ne suffit pas par-tout pour unir les caractères de manière qu'on puisse les distinguer facilement. J'ai trouvé depuis que l'on pourrait les joindre sans difficulté , * en arrondissant les angles formés par les lignes d'un seul caractère , et en rendant au contraire bien marquans les angles formés par leur réunion. Ce procédé laisse aux caractères assez de ressemblance avec les signaux formés par les bras et les chassis , et sert en même tems à les rendre plus simples.

J'ai comparé nos caractères télégraphiques , formés de la manière indiquée , avec les caractères sténographiques de Taylor

---

* A l'exception cependant des chiffres 7 , 8 et 9 , auxquels il faudrait peut-être laisser leur forme angulaire pour les distinguer des lettres. --- J'espère de publier à l'avenir une Sténographie télégraphique où je conserverai autant que possible les caractères de Taylor, qui presque tous se laissent représenter par les différentes positions des bras et des chassis.

et de BERTIN , et j'ai trouvé qu'ils sont presque tous de la même simplicité que ces derniers , et en partie même plus simples. Tous ces caractères , même ceux qui décrits par les bras et les chassis , représentent trois ou quatre lignes sont tracés par un seul trait et se lient ensemble sans autres traits parasites.

Il sera facile d'adapter nos signes télégraphiques à d'autres langues. Si on voulait les appliquer à la langue teutonique on pourrait exprimer l'*ü* et l'*y* par le même signe. Les voyelles *ae* et *œ* seraient indiquées chacune par un signe particulier ; la première par le bras droit , et l'autre par le bras gauche élevés à la position verticale. Pour distinguer l'un de l'autre en les écrivant, on indiquerait le côté du tronc ou de la tête par une petite boucle à l'extrémité inférieure. Les Français pourraient se servir de ces deux signes pour représenter les voyelles doubles *ai* ou *eai*, et *œu* ou *eu*, qui le plus ordinairement ont les mêmes sons que l'*ae* et *œ* en teutonique, et ne sont diphthongues qu'aux yeux et non pas pour l'oreille.

L'*u* teutonique serait indiqué par l'*u* français. Le signe de l'*f* français représenterait l'*f* et le *v* teutoniques. Enfin le *w* teutonique serait exprimé par le signe du *v* français.

Pour prévenir les doutes et peut-être une controverse sur la note qui se trouve page 156, je remarque encore à la fin de ce Mémoire, que j'aurais cité plus exactement le passage où Mr. HOFFMANN communique son invention : mais je n'ai trouvé ni les ouvrages teutoniques ni les ouvrages latins de ce médecin, même à la bibliothèque nationale de Paris. Je présume que le passage se trouve dans la préface de son ouvrage qui a pour titre : *Abhandlung über den Scharbock*, etc. (tr. du scorbut.) Il n'y a qu'un an et demi que l'auteur lui-même m'a montré cet endroit, où il dit expressément que l'exécution de son idée offrirait de grands avantages, sur-tout aux armées en tems de guerre.

Clef

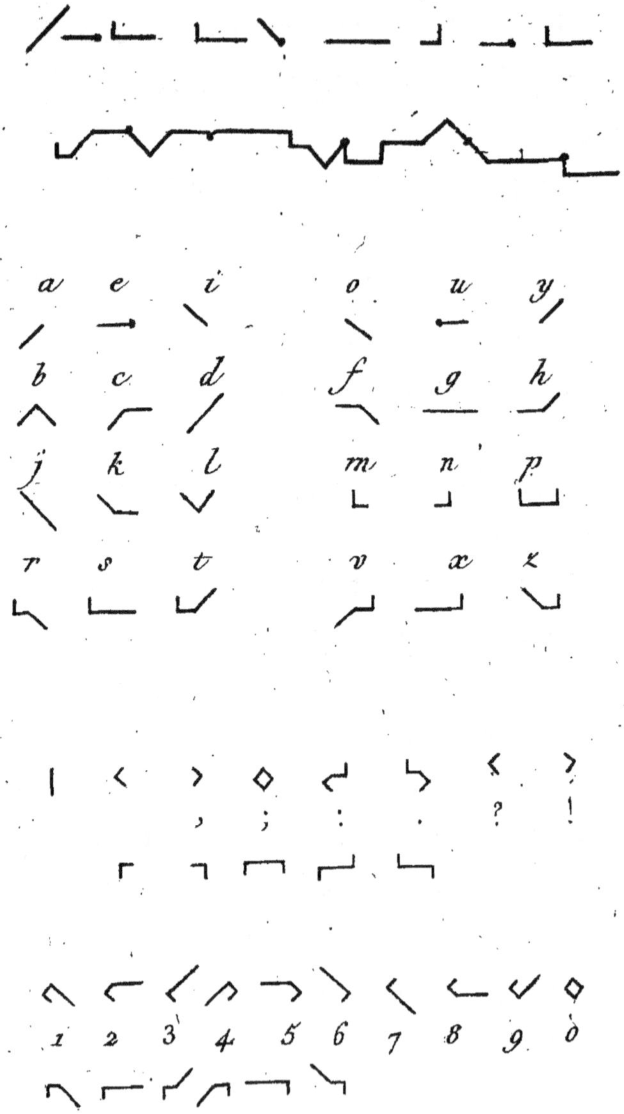

a   e   i   o   u   y

b   c   d   f   g   h

j   k   l   m   n   p

r   s   t   v   x   z

,   ;   :   .   ?   !

1   2   3   4   5   6   7   8   9   0

SUPPLÉMENT.

Remarques sur la construction des Chassis Télégraphiques ; sur le Télégraphe et le Systême télégraphique décimal des Citoyens LAVAL, LE BLOND, *etc. Projet d'une ligne télégraphique de Berlin jusqu'à la ligne de circonvallation française. Esquisse d'un Systême général de correspondance télégraphique embrassant tous les pays de l'Europe.*

UNE conversation avec le C^{en}. LAVAL, chargé de l'établissement d'une nouvelle ligne télégraphique, et la lecture des Mémoires sur son Télégraphe décimal, m'ont fait remarquer que les chassis que j'ai proposés (p. 164) sont susceptibles d'une amélioration, essentielle pour des distances considérables. Afin que ces chassis présentent dans tous les effets du jour des lignes bien noires, il faudrait leur donner des surfaces cannelées , dont la lumière ne frappera pas si bien tous les plans à la fois qu'une seule surface unie.

Au lieu de revêtir les chassis d'une étoffe noire , on pourrait les garnir intérieurement de petites planches , disposées de manière que leur ensemble présente deux faces cannelées. Pour briser la force du vent, il faudrait arranger les petites planches de manière que l'air

M 3

puisse traverser sans que la lumière passe sous des angles droits. Pour rendre les extrémités des chassis plus legères, on pourrait encore diminuer leur largeur et leur force à proportion de l'éloignement de la poignée.

Dans les cas, très rares sans doute, où il faudrait des chassis très grands et très lourds, on employerait deux personnes, placées l'une à côté ou derrière l'autre dont chacune manierait un chassis pour faire, l'une les mouvemens à droite, et l'autre ceux à gauche. On pourrait dans ces cas se passer entièrement de la ligne verticale du corps et de celles des bras, et former toutes les signaux par la distance et les positions différentes des seuls chassis, en revêtant les deux personnes qui les manieraient de blanc, de gris ou d'une autre couleur qui ne paraîtrait pas dans l'éloignement.

En fesant les chassis, de la même grandeur que les ailes ou branches des télégraphes du Cen. Chappe, de jonc ou d'un bois léger et ferme et de petites planches bien minces, ils ne seront pas trop lourds, pour qu'une seule personne de force moyenne en puisse manier deux à la fois. On en faciliterait la manœuvre en donnant à leurs extrémités des points d'appui pour les positions obliques et horizontales. On pourrait y employer deux bâtons dont chacun aurait trois branches, coupées à quelques centimètres de leur insertion.

Coupe verticale

D'une partie d'un chassis oblong garni intérieurement de petites planches dont l'ensemble forme deux faces cannelées et des
espaces qui laissent traverser l'air, sans
que la lumière passe sous des angles droits.

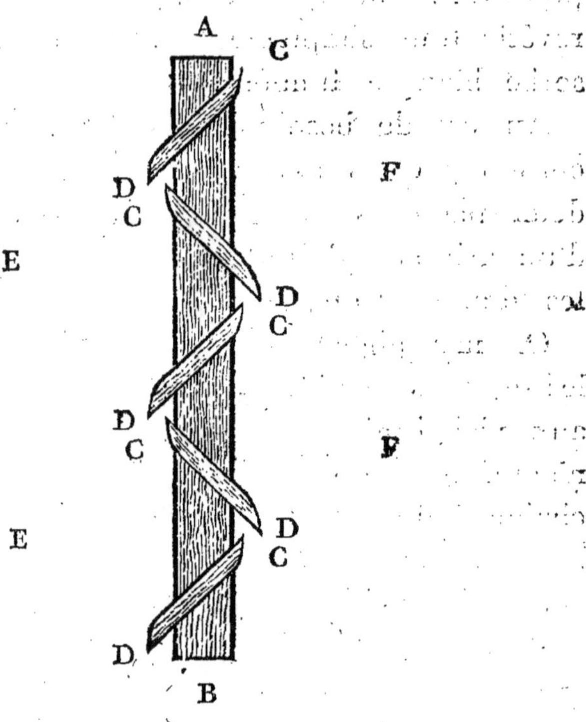

A B Partie d'un jonc qui forme l'un des
     côtés longs du chassis.
C D Coupes des petites planches, dont l'en-
     semble forme deux faces cannelées.
C C Espaces qui laissent traverser l'air, sans
     que la lumière passe sous des angles
     droits.
E E ⎱ Les deux faces cannelées formées par
F F ⎰   l'ensemble des petites planches.

J'espère même qu'on trouvera des moyens plus avantageux et moins couteux de construire des chassis légers et solides à la fois, qui présentent de grandes surfaces bien noires. Dans les cas où les chassis ne sont pas exposés à la pluie, il suffirait sans doute de les revêtir tout simplement d'une étoffe qui absorbe bien la lumière. *

Au cas de besoin l'on peut remplacer les chassis par les moyens les plus simples, par deux planches ou même par deux branches d'un arbre ou d'un arbrisseau revêtus de feuilles d'un vert ou d'une autre couleur foncée.

On m'a objecté que la personne qui ferait les signaux avec les chassis serait trop exposée aux vicissitudes de l'atmosphère : mais rien n'empêche de la garantir de la pluie, de la chaleur, du froid par des vêtemens convenables et par un toit fait de toile, de planches, de paille ou seulement de branches et de feuilles. De plus il faut remarquer : 1°. qu'on ne fait pas les signaux continuellement, et que ce ne serait que pour quelques instans que la personne qui manie les chassis, serait exposée en quelque sorte aux injures

---

* Il a été déjà remarqué plus haut que dans les cas où les chassis se trouvent sur un fond obscure, il faut les revêtir d'une étoffe blanche qui réflechisse bien la lumière.

de l'air ; 2º. que l'on ne peut pas se ser- vir ni de notre télégraphe ni d'aucun autre, pendant qu'il pleut fortement ou qu'il tom- be de la neige ou de la grêle, et que par conséquent la personne qui, à l'aide des chassis, forme elle-même le télégraphe, souf- frira fort peu du mauvais tems. D'ailleurs cet inconvénient, si c'en est un, est léger et bien compensé par la vitesse des signaux et par l'extrême facilité de transporter les postes télégraphiques. Un seul cheval ou mulet suf- firait au transport de tout l'attirail d'un poste, et dans des cas urgens l'essentiel pourrait être porté par une seule personne.

Si l'on voulait faire usage du Système télé- graphique décimal, sans avoir le Télégraphe décimal du C^{en}. LAVAL, l'on pourrait repré- senter les dix premiers numéroteurs par dix des positions les plus simples et les plus faciles à faire avec nos bras ou à l'aide des chassis.

En choisissant des signaux qu'on ferait avec les deux bras à la fois ou indistinctement avec l'un ou l'autre bras, ils offriraient le même avantage que les positions du télégraphe du C^{en}. LAVAL, savoir d'être entendus également, soit qu'on les voie par devant, soit par derrière. Les trois premiers de ces signaux seraient les angles de 45º, 90º et 135º, formés indistinc- tement avec l'un ou l'autre bras. En décrivant chacun de ces trois angles avec les deux bras à la fois, l'on formerait trois autres signaux. La combinaison du premier de ces trois angles avec le deuxième et le troisième, et du deuxième avec le dernier donnerait des signaux pour les numéroteurs simples de 7, 8 et 9. Le o enfin serait formé par le haut du bras (ou le bras entier) mis en ligne horizontale, et par l'avant bras (ou le chassis) élevé de manière qu'il fasse un angle droit avec le premier. Les élémens de ces signaux sont très simples ; trois positions du bras alongé et une seule du bras plié. En voici le tableau.

$$
\left.\begin{array}{l}
1 = 45° \\
2 = 90° \\
3 = 135°
\end{array}\right\}
$$
Formés indistinctement avec l'un ou l'autre bras alongé.

$$
\left.\begin{array}{l}
4 = 45° + 90° \\
5 = 90° + 90° \\
6 = 135° + 135°
\end{array}\right\}
$$
Formés avec les deux bras à la fois.

$$
\left.\begin{array}{l}
7 = 45° + 90° \\
8 = 45° + 135° \\
9 = 90° + 135°
\end{array}\right\}
$$
Formés indistinctement avec les deux bras à la fois.

$$
\left.\begin{array}{l}
0 = 90°
\end{array}\right\}
$$
Formés à gauche ou à droite par le haut du bras (ou le bras entier,) mis en ligne horizontale, et par l'avant-bras (ou le chassis) élevé.

Un pavillon ou seulement la branche d'un arbre servirait de signe d'activité.

En représentant les dix premiers numéroteurs par autant de positions d'un seul bras et d'un seul chassis, on aurait même l'avantage d'en pouvoir représenter deux à la fois. Pour exprimer *11*, on met l'un et l'autre bras à la fois dans la première position ; pour exprimer *22*, l'on met les deux bras dans la dixième position, et ainsi de suite. Pour exprimer *10*, l'on représente en même tems l'*1* par la première position du bras droit, et le *o* par la dixième du bras gauche. Les autres nombres composés de deux chiffres se forment de la même manière. Pour exprimer *100*, l'on met à la fois le bras droit dans la première position et le bras gauche dans la dixième, puis on retire le bras droit en laissant le bras gauche dans la dixième position, pour exprimer le deuxième zero, et alors on retire les deux bras à la fois. Pour exprimer *1000*, l'on met le bras (et le chassis) droit dans la première, et le bras gauche dans la dixième position, puis on élève le bras droit dans la dixième, en laissant le bras gauche dans la même position, et alors on retire les deux bras à la fois. Les autres nombres composés de plusieurs chiffres se forment de la même manière, en représentant toujours deux chiffres à la fois.

Dans le Télégraphe du C^{en}. LAVAL se trouvent peut-être tous les avantages qui se peuvent réunir dans la même machine. Mais pour former les chiffres 8 et 9, il faut faire parcourir aux voyans mobiles toute l'espace qui se trouve entre la dernière position et la ligne de démarcation inférieure : ce qui est un inconvénient auquel on peut remédier du moins pour les lignes télégraphiques immobiles, en rapprochant la dernière position de la première, c'est-à-dire en distribuant les cinq positions dans un cercle, comme je l'ai représenté plus bas. Il est vrai que par ce moyen les signaux ne présenteraient plus le même aspect sous l'une ou sous l'autre face ; mais on gagnerait en vitesse, et l'on concentrerait le champ des observations, ce qui me semble plus important. L'extrémité A de la colonne A B forme le centre ou le point fixe, autour duquel le voyant circulaire C et le voyant oblong A D prennent leurs cinq positions dans une ligne circulaire.

La position où les deux voyans se trouvent au dessus de la colonne verticale dans la même ligne, pourrait être le signe d'activité.

Pour exprimer dans un nombre le même chiffre deux fois de suite, l'on met le voyant mobile dans la position de ce chiffre, puis on l'approche de l'un ou de l'autre côté de la colonne verticale, pour le remonter alors dans la même position. Pour indiquer la fin d'un nombre, l'on fait disparaître les voyans mobiles derrière la colonne verticale. Celle-ci sert en même tems et de régulateur pour les positions des voyans mobiles, et de ligne de démarcation entre la première et la dernière.

T É L É G R A P H E   D É C I M A L

Dont la première position s'approche
de la dernière.

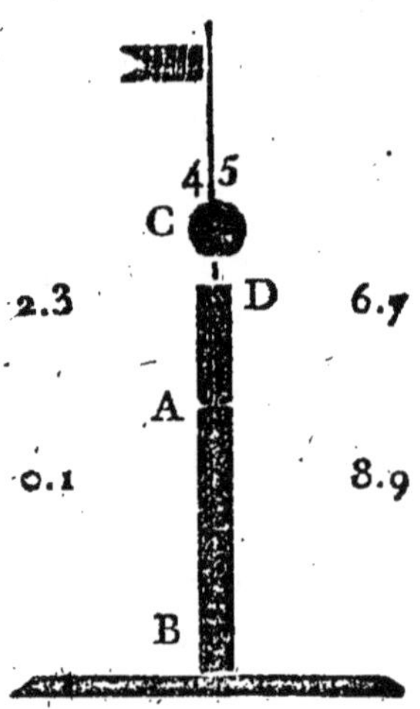

A B Colonne verticale et immobile.

C et D Voyans circulaire et oblong qui par
leurs cinq positions autour de l'extrémité A de
la colonne A B représentent les numéroteurs
simples 0, 1; 2, 3; 4, 5; 6, 7; 8; 9.

Les 5 positions de ce Télégraphe décimal
sont si distinctes l'une de l'autre qu'il me
semble impossible de les confondre. Les voyans
mobiles ne forment avec la colonne verticale
que deux angles d'un côté et autant de l'autre,
ou ils se trouvent au dessus d'elle dans la
même ligne verticale. L'un des deux angles

est aigu (60°) ; l'autre obtus (120°). La position pour la terminaison d'un chiffre où l'on approche les Voyans mobiles de l'un ou de l'autre côté de la colonne verticale, ainsi que celle pour la terminaison d'un numéroteur, où l'on fait disparaître les voyans derrière la même colonne , est assez distincte de toutes les autres positions.

En fesant paraître les deux voyans mobiles à la fois, et en les mettant seulement dans les cinq positions de l'ordre décimal et les deux positions près de la colonne verticale, l'on forme 49 signaux particuliers.

Pour correspondre la nuit l'on ajoute une lanterne à l'extrémité de la colonne verticale , une autre au voyant circulaire , et une troisième à l'extrémité du voyant oblong.

Il me semble que l'invention du système télégraphique décimal doit être très importante pour l'empire germanique et tous les pays où il y a plusieurs gouvernemens indépendans l'un de l'autre. Il serait sans doute très difficile, si non impossible , d'établir dans ces pays des lignes télégraphiques comme celles du C^en. CHAPPE , mais il sera moins difficile d'en établir d'après le système décimal des C^ens. LAVAL et LE BLOND. Chacun des gouvernemens et des particuliers pourrait confier ses dépêches , avec la plus grande sûreté, à ces lignes télégraphiques dont les différens postes situés sur

...érens territoires, seraient sous la direction de plusieurs gouvernemens.

Le gouvernement prussien pourrait établir une ligne télégraphique de Berlin jusqu'à Wésel, dont seulement quelques postes entre les principautés de Halberstadt et de Minden se trouveraient sur le territoire de deux ou trois autres gouvernemens. *

Une telle ligne télégraphique de Berlin jusqu'au Rhin, et la ligne de circonvallation projettée par les ingénieurs français mettraient le gouvernement prussien et celui de la république française en état de se communiquer leurs dépêches en fort peu de tems et avec la plus grande sûreté possible. La même ligne de Berlin jusqu'au Rhin, à l'aide de la ligne de circon-

---

* L'espace qui se trouve entre le comté de Ravensberg et Lippstadt, et entre cette ville et le comté de Mark, n'est pas assez considérable pour exiger des postes intermédidires. Au contraire les hauteurs méridionales du Ravensberg et les clochers élevés de Lippstadt et de Soëst seraient trois points très convenables à autant de postes télégraphiques. --- Pour le poste de Lippstadt qui avec les deux autres formerait un angle presque droit, il faudrait faire usage, comme dans tous les cas semblables, d'une machine télégraphique dont les positions offrent de tous côtés le même aspect. J'ai vu le dessin d'une telle machine chez le Citoyen LAVAL ; elle est semblable à celle que j'ai représentée à la fin de ce supplément.

vallation française et d'un ou de quelques postes particuliers, fournira au gouvernement prussien la faculté de transmettre des dépêches à son gouverneur de Neufchatel et d'en recevoir de lui le même jour.

Les auteurs du Système télégraphique décimal, chargés par le gouvernement français d'établir d'après leur système une nouvelle ligne télégraphique, ont proposé d'employer les Invalides de la Guerre et de la Marine, à la manœuvre de leurs machines. * Le gouvernement prussien pourrait employer ses Invalidés de la même manière. Les ingénieurs français disent que les motifs qui les ont déterminés en faveur de cette classe intéressante de citoyens, sont premièrement d'améliorer leur sort par des moyens d'émulation; et en les chargeant d'un travail facile, même pour ceux qui seraient privés d'une partie de leurs facultés, d'employer utilement des hommes accou-

* Observations sur les moyens d'organiser une Compagnie d'Invalides de la Guerre et de la Marine, pour la manœuvre de la nouvelle ligne télégraphique ordonnée par le Directoire Exécutif, conformément à son arrêté du 9 Floréal an 7 ; dans la collection de pièces concernant le Système télégraphique décimal, par les Citoyens Laval, Peytes-Montcabrié, Le Blond et Véronèse. De l'Imprimerie de la Ligne Télégraphique du Havre, à Paris.

tumés

tumés depuis longtems à la subordination et
à la discipline militaire, et sur l'exactitude
desquels on pourrait compter; enfin d'apporter
une économie considérable dans les dépenses
annuelles des lignes télégraphiques, en ajoutant seulement au traitement qui leur est accordé par le gouvernement un supplément ou
haute-paye qui contribuerait d'une manière
efficace à les rendre plus heureux.

Dans le cas que toutes les lignes télégraphiques
projettees par les ingénieurs français s'exécutent
de suite, et qu'enfin l'envie funeste de faire des
conquêtes au dehors fasse place au desir plus
glorieux de s'aggrandir par les progrès de la
population, de la culture, du commerce et de
tous les arts et sciences; dans ce cas là, dis-
je, il est vraisemblable qu'après 10 ou 20 ans
le gouvernement français pourra transmettre le
même jour des dépêches à la plûpart de ses
agens près des gouvernemens de l'Europe.

Un systême télégraphique général qui em-
brasserait toute l'Europe et une partie de l'Asie
et de l'Afrique aurait, je crois, de grands
avantages pour toutes les nations de ces pays.

Le systême télégraphique particulier à la
France, tel qu'il a été projetté par les ingénieurs français pourrait servir de centre au
systême général. Les principales branches de
ce dernier seraient:

I°. Vers le sud-ouest de la France une ligne

N

qui parcourerait l'Espagne et le Portugal et donnerait des branches latérales sur les points les plus considérables des côtes, dont une en passant par Cadix traverserait le détroit de Gibraltar pour établir une correspondance avec les places des Espagnols en Afrique.

IIo. Vers le nord de la république une ligne qui au moyen de deux grandes machines télégraphiques traverserait le détroit de Calais et se porterait sur Londres et de là dans l'intérieur de la Grande-Bretagne et de l'Irlande.

IIIo. Une autre ligne vers le nord de la France s'étendrait dans la république batave en passant par Middelbourg, Rotterdam, la Haye et Amsterdam, où elle se partagerait en deux branches, dont l'une se dirigerait par le Texel et Groningue dans le nord de l'empire germanique, en passant par Embden, Oldenbourg et Brémen, où elle se joindrait à la grande ligne du nord. L'autre branche se porterait par Utrecht et Nimègue sur Wésel.

IVo. Vers le nord-est une ligne qui parcourerait le nord de la Teutonie (de l'empire germanique), en passant par Wésel, Lippstadt, Minden * et Hanovre, où elle se partagerait en deux branches considérables.

* Une branche latérale se porterait de Minden par Rinteln, Pyrmont, Karlshafen, Kassel, Marbourg et Wetzlar sur Francfort pour s'y joindre à une autre ligne.

La première de ces branches passerait par Brémen, pour se joindre à la ligne batave, de là par Cuxhafen, Hambourg, Lubeck, le Holstein, le continent et les îles du Danemarc, traverserait le Sound et se terminerait à Stockholm. Cette branche pourrait peut-être se joindre à la deuxième par une ligne qui longerait les côtes du golfe botnique etc.

L'autre branche qui partirait d'Hanovre se porterait sur Brounsvic, Magdebourg, Potzdam, Berlin, sur les côtes de la Poméranie, de la Prusse, en passant par Dantzic, Kœnigsberg et Mémel, d'où elle se dirigerait dans les provinces de la Russie, par Riga, Réval, Narva, Cronstadt jusqu'à Pétersbourg.

V°. Des limites orientales de la France partiraient deux lignes qui se réuniraient dans l'intérieur de la Teutonie. L'une se porterait par Francfort, Aschaffenbourg, Wurzbourg et Nuremberg sur Ratisbonne ; l'autre après avoir passé par Stoutgard, Augsbourg et Munich se joindrait à la première, puis se dirigerait de Ratisbonne par Passau, Linz et Vienne dans l'Hongrie et la Turquie jusqu'à Constantinople, pour suivre ensuite les côtes de la Romanie jusqu'aux Dardanelles et celles de la Natolie jusqu'à Smyrne.

Je n'ose pas espérer que de nos jours le système télégraphique s'étendra plus loin dans l'intérieur de l'Asie et jusqu'aux possessions des Européens dans les Indes Orientales. Mais il est peut-être reservé à la génération future en Europe de recevoir dans un seul ou dans quelques jours des nouvelles de l'Asie et même des provinces les plus reculées de la Chine.

VI°. Une autre ligne vers l'orient de la France s'étendrait dans l'intérieur de l'Helvetie et donnerait des branches dans la Teutonie et dans l'Italie.

VII°. Vers le sud-est de la France une ligne qui partirait de Nice, suivrait, en donnant quelques branches latérales, les côtes de l'Italie jusqu'en Sicile.

Les différentes lignes que je viens de tracer auraient entre elles des anastomoses et des branches latérales dans les différens pays. Une des principales anastomoses serait celle entre Berlin et l'Italie ; elle passerait par Leipsic, Dresden, Prague, Vienne, Trieste et Venise.

La plupart des postes télégraphiques serviraient non seulement à la correspondance, mais en même tems à la sûreté des pays, et sur-tout des communes où ils se trouveraient.

On pourrait employer au service des lignes télégraphiques immobiles non seulement les Invalides de la guerre et de la marine, mais aussi les Sourds-Muets qui privés de l'ouie, en sont plus propres à un service qui ne demande que l'usage des yeux et des mains.

Si l'on permettait à tout le monde de se servir

des lignes télégraphiques en fesant payer des ta-
xes modérées, l'on se procurerait ainsi non seulement les sommes nécessaires à leur entretien,
mais on pourrait même par ce moyen rembour-
ser une partie des frais de premier établissement.

*   *   *

Je vois par une lettre que je viens de recevoir que l'ouvrage, dans lequel Mr. HOFFMANN
a communiqué ses idées sur la Télégraphie,
est le même que j'ai cité à la page 180, et
qu'il a été publié à Munster en 1782. L'auteur
remarque à la page 10 de la préface que les
télescopes sont parvenus à une telle perfection,
qu'on peut reconnaître par leur moyen la position de l'aiguille et les chiffres d'une horloge
de clocher à la distance de six lieues ; qu'on
pourrait transmettre à la même distance des
nouvelles avec la vitesse de la lumière, en
fesant paraître des chiffres et des lettres l'un
après l'autre ; et que par un arrangement convenable et sous les conditions nécessaires on
pourrait correspondre à plusieurs centaines
de lieues avec la plus grande rapidité ; qu'on
pourrait communiquer de cette manière d'une
forteresse assiégée avec un Général éloigné, etc.

Les Français ont établi la première correspondance télégraphique : mais la nation germanique peut réclamer l'honneur d'une invention que Mr. HOFFMANN a publié plus de dix
ans avant son exécution en France.

* * *

TÉLÉGRAPHE,

Dont les positions offrent de tous côtés le même aspect.

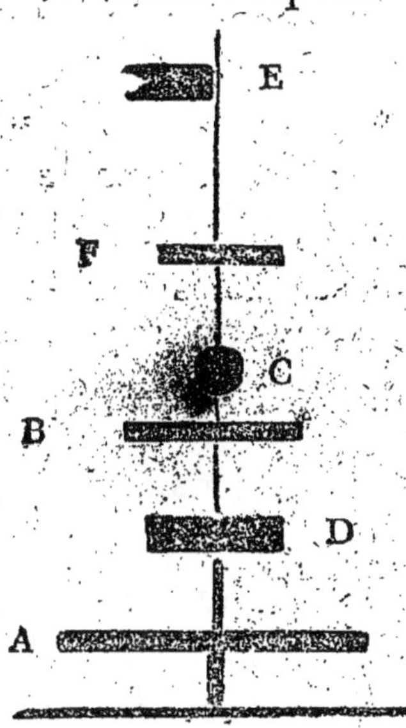

A et B   Deux cerceaux immobiles servant de ligne de démarcation inférieure et supérieure.

C et D   Un globe et un cerceau mobiles qui prennent chacun trois positions entre les deux lignes de démarcation et deux au dessus.

E   Pavillon qui, étant hissé, indique l'activité du Télégraphe.

F   Petit cerceau d'une couleur claire, qui masque les poulies sur lesquelles les cordes du globe et du cerceau mobile roulent haut et bas.

Nota. Il faut que la face externe du cerceau mobile et des cerceaux de démarcation soit noire, et leur face interne blanche.

TABLE

DES MATIÈRES.

A

N 4

D

E

J

L

M

N

T

Fin de la Table des Matières.

A N N O N C E.

L'auteur de cet ouvrage publiera bientôt une édition latine de la nouvelle nomenclature anatomique, précédé d'une préface du C^{en}. Chaussier, Membre de l'Institut National des Sciences et des Arts, Professeur de l'École de Santé de Paris, etc. On y trouvera non seulement les dénominations systématiques en latin et en français, mais aussi les noms dont les auteurs modernes se sont servi jusqu'à présent en langue latine et teutonique.

*   *   *

L'auteur se propose encore de publier une édition teutonique de la description du Télégraphe, aussitôt que ses autres occupations le lui permettront.